女足世界盃歷史與球星

The History and Stars of —— *1991~2023*

FIFA Women's World Cup

大頭製作 著

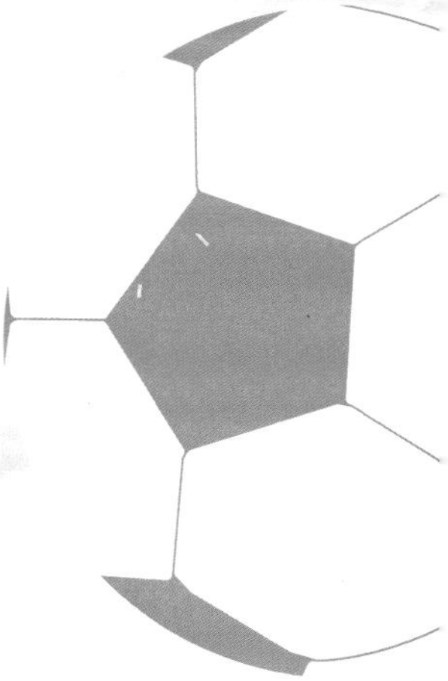

前言

女足其實比男足更好看

傑拉德

男子足球一定比女子足球好看？未必。

第9屆女子世界盃於7月20日點起狼煙，地主國是南半球的澳洲和紐西蘭，也是史上首次由兩國合辦的女子足壇最大盛事，決賽圈更破天荒擴軍至32隊，國際足聯主席因凡蒂諾（Gianni Infantino）揚言：「這將成為史上最佳女子世界盃。」看過以下本屆賽事亮點後，相信你們也會認為，女子組不一定遜於男子組。

本屆世界盃將設於9個城市的10個球場上演，規模肯定是史無前例，其中多達8隊菜鳥，包括葡萄牙、愛爾蘭、越南、菲律賓、海地、巴拿馬、尚比亞和摩洛哥，而衛冕的美國、德國、瑞典、巴西、日本、挪威和奈及利亞則從未缺席之前8屆賽事。

距離揭幕戰紐西蘭對挪威一戰尚有百日之時，門票已售出65萬張，幾可肯定打破上屆72萬張的紀錄，加上史上最多的150萬張總門票數量，並預期將吸引到20億電視觀眾收看，人氣絕對可媲美全球任何體壇盛事，吸引力顯而易見。

相對於發展迅速的男足賽事，女足賽事沒有那種商業化的「銅臭味」，至今依然給人「純粹、原始」的氣息，以近兩屆決賽門票比較，男足最貴的價格超過1千美元，而上屆和本屆最貴的女足最貴門票只需95美元和78美元，最便宜的只需13美元。本屆沒有東道主參與的小組賽，門票價格在13美元至39美元之間，實在老少咸宜。

單單從進球數量計算，女足賽事通常較男足更富娛樂性，上屆決賽圈場均進球為2.69

Introduction

拉皮諾早已公開同性戀身份。（美聯社）

球，較2018年俄羅斯男子世界盃多0.05球，而女子英超5個賽季場均進球約有3球，比男子多0.2球左右。而且，女足賽事「乾淨」得多，犯規較少，意味節奏也會相對明快。

首屆女子世界盃於1991年於中國舉行，美國女兵勇奪后冠，此後如男足一樣四年一度，起步較遲。亦因如此，全球化較男足有過之而無不及，歷屆冠軍北美洲的美國、西歐的德國和北歐挪威，以及亞洲代表日本；反之，男子世界盃時至今日，獎盃仍然由歐洲和南美洲壟斷。

至於主辦國方面，暫時則與男足各有特點，男足除了大洋洲外，都曾在全球各洲舉行過，而女足世界盃的主辦國，北美、歐洲、亞洲及大洋洲都有主辦世界盃，只有非洲與南美洲還沒有主辦國，不過估計未來幾屆，將會輪到這些地區主辦了，畢竟2027女足世界盃巴西及南非都已經確認申辦成主辦國。

有容乃大，女子賽事顯然對LGBT+（同性戀、雙性戀和跨性別人士）的包容度在男足之上，像美國球星拉皮諾（Megan Rapinoe）是上屆冠軍絕對核心，不僅當選賽事金球獎，也是金靴獎得主，而她亦早已公開同性戀身份，

女足犯規的次數及暴力沒有男足的嚴重。（美聯社）

Introduction

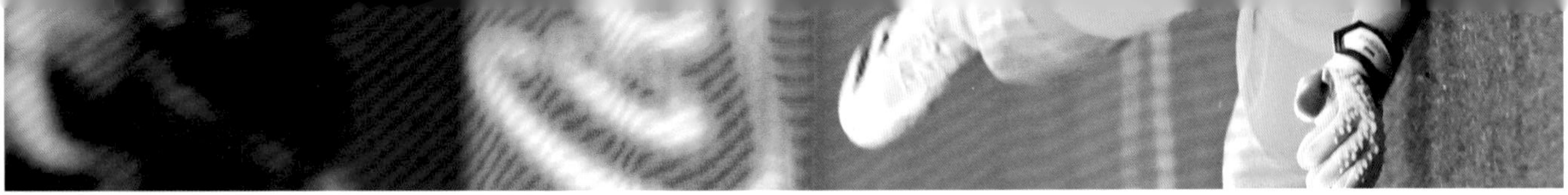

甚至與伴侶合影主流體育雜誌封面。不過，即使賽事舉行時將滿38歲的拉皮諾不再是必然正選，每次出場時還是危險人物。

至於在觀賞方面，除了各種球技的演出外，女子足球也不乏美女，男足大家都愛看大帥哥見克漢（David Beckham）或瀟灑的C羅納度（Cristiano Ronaldo）等一眾帥哥球星們，女子足球當然也不讓男生專美，同樣也有不少美貌與球技並重的球星，邊看球賽，邊看美女，也是賞心樂事，受歡迎的美女足球球星如摩根（Alex Morgan）、蘇露（Hope Solo）、艾莉莎萊曼（Alisha Lehmann）及妮絲比（Louisa Nécib）等，數之不盡，留待讀者們去慢慢尋找。

從文化角度看，女子世界盃見證女權崛起的時代變遷。1921年，英國禁止女性參與足球運動，禁令足足長達半世紀，諷刺的是，禁令發出前一年，曾有女子比賽吸引到5.3萬人進場參戰，聲勢浩大。根據英國體育部調查，2020/21年度，35至54歲女性踢足球的比例激增，看來是重拾舊夢，45歲的古達拉（Ellie Guedalla）直言：「我們那一代人從未上過體育課。」足球，不止在改變女性的命運，也正在改變世界的走向。

2023世界盃決賽入座人數創新高峰。（美聯社）

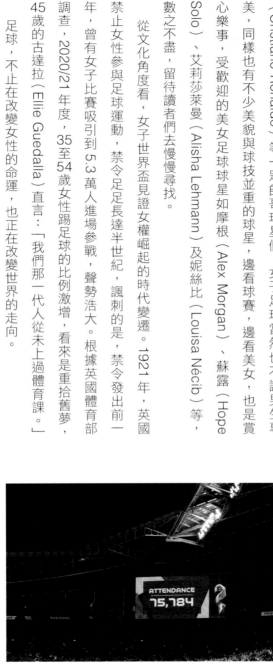

推薦序

關於我和女足的二三事

潘源良

都說時代一轉，許多曾經看似尋常不過的事情，回望竟至再三求證才敢置信、甚或續存疑竇。而另外一些當日視為異數者、竟又誕出奇葩異卉、終至繁花似錦！在我的經驗中，當世女子足球的發展，就是這種幾近傳說的例子⋯

1999 年，我正式入職成為香港有線電視體育組的足球評述員，恰巧目擊風華正茂的中國女足代表隊，在第三屆世界盃面對地主隊強敵美國，如何堅忍不屈，戰至最後並在點球決勝中惜敗。當年香港足球的直播賽事，一直只播男足，有線開先河之餘，我等評述員亦急急惡補，才發現女足場上，以柔制剛之道，往往比男足賽事更加顯著。整體佈局、互補長短，個人主義的比例也較低、反而令戰術與節奏的收放，更形可觀！球評前輩何鑑江嘗言：「女足無爆冷！可見當年步向全球化發展初階，強隊水準往往穩定！」

當屆女足世界盃，中國隊除了勇奪亞軍，又獲公平競技獎，隊長孫雯更獲金球獎及平分金靴獎，而入選當屆全明星陣容的球員人數，甚至比冠軍隊美國還要多，難怪在 2002 年男足首度晉身世界盃決賽周時，就看到有些球迷拉起「中國足球鳳先飛」的標語。當時我還狗尾續貂，在報章專欄羅列過一些女足整體上有待改進的方向，諸如守門員訓練、罰球處理、遠射能力等。可是，回首又已二十年。

運動競技，當然體能是重要的基礎因素，所以精於以科學方法作鍛鍊與組合的

Preface

大國如美國與德國自然先後成為女足強勢力量。相反，以柔制剛的組合，倒需要各師各法，尋求如何挑戰「進擊的巨人」。來到 2011 年的德國決賽周，我更有幸評述了直播的決賽，見證了日本這群「東洋魔女」的強韌！兩度落後下追平美國隊，更在點球決勝中奪冠。事實上，一路走來，日本隊先在八強戰絕殺衛冕的主辦國德國、再四強反勝瑞典，都絕不輕易！德國一役一箭定江山的丸山桂里奈，現時轉職電視搞笑藝人，一旦看到她，就想起她那個無價的入球。

原來，這許多屆女足世界盃（2003、2007、2011、2015、2019 及即將上演的 2023），我們都一直在欣賞巴西的女球后馬塔如何一再個人突破、製造入球，她甚至是所有世界級足球錦標賽中的得分最高者，但巴西卻連一次女足世界盃冠軍都沒拿到過！然後，當馬塔幾乎壟斷女子足球的所有個人獎項的同時，歐洲的女足職業賽，卻又已經發展得如火如荼。

我又驚覺自己回到了看球者的身份並置身台灣，為木蘭女足一而再地與今屆世界盃入圍條件擦身而過而扼腕長嘆！

但時代繼續在轉，當女足賽入場人數比男足紀錄更高，當女足隊長比男足球星更勇於展示彩虹臂章，當有自由有自信的女兒更敢於造夢，那近乎傳說的以柔制剛的力量，或許已在不遠處！May the Force be with you ！

推薦序

足球女力未來可期

黃天佑

2023國際足總女子世界盃即將在7月20日於澳洲和紐西蘭揭開序幕，這是第九屆的女子世界盃，也是史上首次由兩國合辦，澳紐時差比台灣快2至4小時，因此開賽時間多落在台灣下午1點至7點之間（少數場次為了配合美洲區轉播落在台灣時間上午9點至12點半之間），對亞洲球迷而言，這是繼2007年由中國主辦以來，看球時間最無壓力的一屆。

台灣的球迷可能會感到遺憾，中華女足只差一步就能挺進決賽圈，先是在女足亞洲盃八強PK戰不敵菲律賓，無緣晉級四強直取世界盃入場券；接著在與越南、泰國三搶一的附加賽中，與越南先後戰勝泰國，還在得失球占優的情況下只要踢平越南就能出線，無奈最終以1：2敗陣；最後一個希望來到十搶三的跨洲附加賽，在與南美邦交巴拉圭的準決賽中錯失2球領先的大好形勢，結果再一次PK戰落敗，正式與決賽圈告別。

雖然結局不如預期，沒有上演電影般的逆轉晉級戲碼，但台灣女足的奮戰過程，球迷都看在眼裡，感動在心裡，那一步之遙看似很遠，但女足國腳們的進步是明顯的，這都得感謝近幾年搞得有聲有色的木蘭女子足球聯賽，除了雙霸天花蓮和台中藍鯨外，高雄陽信、新北航源和台北熊讚都逐漸能與兩隊抗衡，也為台灣女足國家隊提供更多選擇的人才庫。當然也得要感謝遠道而來加入木蘭聯賽的外援菁英，像

Preface

是若林美里、田中麻帆和皮薩邁．頌賽等，她們帶來的足球智慧和觀念，影響著台灣女足的正向發展。

提到國際球員，自然也就是本書的主要內容，不過本書並非 2023 女子世界盃的導覽，而是讓球迷在觀賞女子世界盃之餘，也能認識那些曾經在女子足壇叱吒風雲的一代名將，像是美國巨星 Mia Hamm、美國鋼門 Hope Solo、巴西天后 Marta、日本世界盃冠軍隊長澤穗希、和中國球后孫雯等。

溫故知新，毋忘歷史，資深的球迷可能知道，台灣女足曾經踢進過決賽圈，那是 1991 年第一屆女足世界盃，由周台英領軍的台灣女足在小組賽 1 勝 2 敗，以小組第 3 名晉級八強複賽，但以 0：7 不敵最終的冠軍美國而出局。

更多台灣女足故事，就留待好友李弘斌在書中一一告訴大家，最後，要感謝主編許諾輝和眾多寫手們，給我們資深球迷帶來這麼精彩的球星回顧，也讓更多的球迷新手，能更認識這些曾經在綠茵場上馳騁的女足英雄們。

Preface

推薦序

一起應援女子足球正向發展

蔡宜瑾

四年前的女子世界盃是我踏入足球轉播領域的第一場比賽。身為一位菜鳥主播，我曾擔心自己是否有能力把比賽張力傳達到螢幕前。但後來我明白，有些情感是不需要透過言語，就能讓觀眾深刻感受到的。不管是獲勝方的喜悅，又或者是與晉級、甚至與獎盃失之交臂的悔恨，在世界盃舞台上，情感的渲染力是能穿透衛星訊號、讓觀眾的情緒隨之波動。只是在那些悲喜交錯的淚水背後，女子足壇還有許多值得關注和探討的故事。

背負著國人的期望，球員們在世界盃上踢的，既是自己的兒時夢想、更是每個國家女子足壇環境提升的希望。就連在女足霸權美國，都仍需要透過四年一度的世界盃來提升關注度，藉由捧盃來向政府喊話、爭取球員的基本權益。而這樣的背景也成為女子世界盃和男子世界盃比賽氛圍中最大的差別。

用苦練的球技在比賽場上爭奪足壇至高榮耀，下了球場也不吝嗇為各種社會議題發聲。在各國普遍把經費集中在男子球員身上時，不少女足選手卻仍因為生兒育女，和自己的俱樂部鬧出不愉快，甚至讓懷孕的喜訊演變成球員間不敢輕易言語的禁忌，但也是在這樣的環境中，誕生了不少傳奇人物，在女子足壇樹立榜樣、讓更多小女孩看見未來無限的可能性。加上女足實力不斷的提升，無論是需要紮實肌力的暴力遠射，或者可以連續過人的細膩腳法，早已不是男子足球的專利。美國女足

Preface

的長期獨霸受到歐洲列強崛起的威脅，加上大和撫子陣中更有不少旅歐、旅美球員的加入，讓本屆女子世界盃更具可看性。

那台灣呢？講到這屆的女足世界盃，相信不少球迷和我一樣，心情都是五味雜陳的。無論是在2022年亞洲盃，或者在2023年初登場的10搶3跨洲附加賽，我們都曾和世界盃資格擦肩而過，眼看那張幾乎都要到手的門票，最終化為細沙從指縫中流走，就算坐在主播台後的我，也都難以控制眼角滾動的淚珠。

但那不甘心的淚水，除了是青春中無可抹去的遺憾，更應該讓身為觀眾、身為球迷的我們去思考，跟其他國家相比，我們還欠缺了什麼？一個運動的發展，除了需要球員自身能力的提升之外，更需要政府的輔助、企業的資源投入，與民眾長期關注，才能孕育出健康且多元的舞台。

期盼透過2023年女足世界盃，以及本書籍對女子世界盃的演進史、各國球星介紹，和台灣女足的奮鬥過程紀錄，讓您更充分了解女子足壇的魅力。邀請您在今年夏天和我一塊關心女足世界盃的賽況，並持續關注台灣女足的發展。未來無論是國內的木蘭聯賽、或是台灣女將們挑戰各大國際賽事時，希望都能有您的應援，一起讓台灣女子足球環境正向發展。

Contents

目錄

台灣女足

The History of World Cup

女足世界盃歷史

美國總統布希與首屆冠軍美國隊一起慶祝。（美聯社）

1991 美國首封后 台灣隊初陣

文／破風

主辦國｜瑞典　**冠軍**｜美國　**亞軍**｜挪威　**季軍**｜瑞典

1990 年，西德在跟東德合併前拿到男足世界盃的時候，女足卻仍然沒有世界盃賽事。正因如此，1991 年第一屆女足世界盃成功舉行時，女足發展歷史終於揭開全新重要的一頁。第一屆女足世界盃由中國主辦，最終由美國以無敵姿態奪冠，台灣女足也有幸參與。

台灣足協首開先例 女子世足首在中國

女子足球早在 1920 年代就已經在英國出現，二戰之後，世界各地也有女足運動進行，甚至有各洲的國際盃賽，只是一直沒有各洲一起參與的世界盃。直到 1978 年，中華民國足協率先舉行世界女子足球邀請賽，有3支亞洲國家隊和10支來自歐洲和北美的女足球會參加，開始出現全球性女足大賽。到了1980年代，日本和義大利也舉行號稱「小型世界盃」的女足邀請賽。國際足聯發現有舉辦女足世界盃的需要，所以先於 1988 年在中國舉辦12支球隊參加的國際女子足球錦標賽，三年後再於中國舉行第一屆女足世界盃。

第一屆女足世界盃有12支球隊參加，分為3組作分組賽，每組的首、次名球隊和兩支成績較佳的第三名球隊，可以晉級八強。國際足聯並沒有舉行資格賽，而是讓各洲的大賽冠軍球隊參賽，加上給予亞洲多兩席、歐洲多四席，就這樣湊足隊伍展開比賽。這一次比賽的最大特色，就是因為是實驗性質舉行的比賽，所以全場只踢80分鐘，上下半場比正式比賽各少5分鐘，不過淘汰賽的加時賽還是踢15分鐘，這可說是成年足球大賽之中絕無僅有的例子。

台灣遇美八強慘敗 地主也是八強止步

台灣隊在1991年的亞洲女子錦標賽分組賽以1勝1和1負成績奪得小組次名，得以晉級四強。雖然在四強互射十二碼中輸給日本，但還好在季軍戰的互射十二碼中贏了北韓，獲得亞洲區的最後一席。雖然在首兩場分組賽就以0：5慘敗義大利、0：3敗在德國腳下，但由於成績較好的兩支第三名球隊也可以晉級八強，台灣隊在最後一場分組賽中面臨了必須贏奈及利亞至少兩球，才可以晉級的挑戰。豈料開賽只到6分鐘時，台灣隊門將林惠芳就因為在禁區外阻止對手單刀攻門而吃了紅牌，台灣隊只能以10人應戰。還好林美君在38分鐘為台灣隊打開比分。之後曾經拿過西德女足甲級聯賽冠軍，以及第一屆日本女子職業聯賽冠軍的「球后」周台英，在下半場10分鐘再下一城，令台灣隊以2：0拿下了重要的勝利，成績剛好是3支小組第三名球隊之中的第二名，壓過巴西拿到最後一張八強門票。可惜在八強面對實力強大的美國隊，只能以0：7慘敗出局。直到2023年，台灣隊再也沒能參加世界盃決賽圈。

中國女足在1990年進入盛世，加上擁有主場之利，所以在分組賽踢得很順利，先是以4：0擊敗1988年的國際女足錦標賽冠軍挪威，隊中球員馬莉成為女足世界盃史上第一個進球者。中國之後打和丹麥並擊敗紐西蘭，取得小組首名晉級，卻在八強就以0：1輸給瑞典而出局。

美國女足所向披靡 挪威斬棘晉冠軍賽

美國男足雖然在世界盃一直都沒有好成績，不過在女足界就是另一回事了。以隊長海因里希斯（April Heinrichs）為首，搭配詹寧斯（Carin Jennings）和阿科斯（Michelle Akers）組成的三劍客陣容，從分組賽開始就所向披靡，第一場比賽踢了62分鐘就領先瑞典3球，之後也輕易地擊敗巴西和日本，三場比賽進了11球，三劍客就佔了9球。之後阿科斯在對台灣隊的八強戰中上演了「大四喜」，而三劍客的另外兩位則在四強賽中發威，詹寧斯踢了33分鐘就大演帽子戲法，助美國以3球領先。德國隊的莫爾（Heidi Mohr）雖然1分鐘之後追回1球，不過海因里希斯在下半場為美國再進兩球，就算德國在63分鐘由維格曼（Bettina Wiegmann）一度把比分追成2：4，最終美國還是以5：3擊敗德國打進決賽。

美國的決賽對手是挪威。挪威雖然在開幕戰就以0：4慘敗在「鏗鏘玫瑰」腳下，還好在第二場分組賽由梅達倫（Linda Medalen）梅開二度，加上里瑟（Hege Riise）和對手的烏龍球，以4：0大勝紐西蘭。後來梅達倫再於第三場分組賽進球，協助挪威以2：1擊敗丹麥壓過北歐姊妹，獲得小組次名晉級。挪威在八強遇上義大利，雙方上演一場激戰，赫格斯塔（Birthe Hegstad）為挪威打開比分沒多久，就被義大利球員薩爾馬索（Raffaela Salmaso）追平。下半場挪威雖然由卡爾森（Agnete Carlsen）再次取得領先，但頑強的義大利再靠瓜里諾（Maria Rita Guarino）為義大利追平，令比賽進入加時賽，最終靠著斯文森（Tina Svensson）的十二碼進球，讓挪威以3：2贏球晉級。到了四強，挪威遇上另一支北歐球隊瑞典時開賽6分鐘就失球，被瑞典的維德庫爾（Lena Videkull）先進球，但斯文森射進十二碼球為挪威追平，加上梅達倫再次梅開二度以及卡爾森的一球，令挪威以4：1反勝。無緣冠軍賽的瑞典，在季軍賽時靠著安德倫（Anneli Andelen）、松德哈格（Pia Sundhage）、維德庫爾和尼爾森（Helen Nilsson）各進1球，以4：0擊敗德國，奪得首屆女子世界盃季軍。

美國首奪女子冠軍 團隊個人四獎入袋

雙雙晉級冠軍賽的美國和挪威，在廣州天河體育場6萬3千名觀眾見證之下，展開爭奪第一屆女足世界盃冠軍的關鍵戰役。美國在20分鐘時首先得分，齊羅夫斯基（Shannon Higgins-Cirovski）開出罰球，大腳將球傳到挪威禁區，阿科斯一馬當先跳起以頭球建功，挪威門將塞特（Reidun Seth）欲救無從。沒想到挪威前鋒梅達倫就在9分鐘後，把握住了美國門將哈維（Mary Harvey）出迎傳中球失誤的機會，在人群之中鶴立雞群，也以頭球取得進球，為球隊追平。到了78分鐘，美國在後半場大腳傳中，本來挪威中衛斯文森可以輕易解圍，卻遭美國隊阿科斯快一步搶斷，單刀之下再盤球越過對手門將塞特射進空門，帶領美國以2：1擊敗挪威，成為第一屆女足世界盃冠軍。

美國隊在這一屆比賽是大贏家，阿科斯除了以10球成為金靴獎得主之外，也獲頒銀球獎，隊友詹寧斯則是金球獎得主。除此之外，挪威中鋒梅達倫獲得銅球獎，公平競技獎就由德國隊奪得。

挪威與美國在四強相遇。（美聯社）

1995

挪威首奪冠 一雪前恥

文／破風

主辦國｜瑞典　冠軍｜挪威　亞軍｜德國　季軍｜美國

> 女足世界盃在1991年以試驗性質舉辦，卻獲得非常理想的效果，令國際足聯充滿信心在四年後舉辦第二屆比賽，而且將賽場帶回現代足球發源地—歐洲。結果第一屆決賽飲恨的挪威，終於藉半個主場之利一雪前恥，成為第一個稱霸女足世界的歐洲國家，也是北歐球隊在足球史上第一次成為世界冠軍。

女足盃賽漸被世界認可

國際足聯期望這一屆比賽比首屆更成功，可是比賽還沒開始就幾乎觸礁。原本這一屆比賽是由保加利亞當地主國，不過在開賽前卻放棄主辦權，於是瑞典成為後補的地主國。雖然是有點丟臉，卻造就瑞典成為史上首個主辦過男足和女足世界盃決賽圈的國家。

這一屆賽事的最大變動是賽制，其實也只是「變回正常」而已，就是從上一屆法定時間只踢80分鐘，變回國際足聯定制的90分鐘，連皮球也改為採用跟男足比賽用球一樣大小。另一方面，分組賽勝出的話也跟四年前的世界盃一樣是獲得3分，和局各得1分，可說是更確立女足世界盃的認受性。不過這一屆比賽也採用一些試驗性質的規則，就是每一隊在每一場比賽可以提出像籃球比賽一樣的兩分鐘休息時間。只是大家後來在其他比賽都沒看過有這樣的規則，就自然明白這項試驗沒有獲得足夠正面的回應，才沒有繼續採用吧。

大和撫子飲恨決賽圈　美國女將大破各國防線

跟第一屆比賽一樣，這一屆賽事也是有十二支來自六大洲的球隊參加。這一屆也是沒有特別設立資格賽，只是從各洲大賽成績最佳的球隊獲得決賽圈參賽資格。由於比賽不再是由亞洲國家舉辦，所以這次亞洲只有兩個席位，比上一屆少一個。這次是以1994年亞運會女足項目成績來決定參賽球隊，只有奪得金牌和銀牌的球隊才可以參加。很遺憾，台灣女足隊只能夠拿到銅牌，無緣參與這次世界盃決賽圈。

兩支拿到決賽圈門票的亞洲球隊日本和中國，在這一屆比賽都能夠在分組賽晉級。日本在A組跟地主國瑞典、歐洲冠軍德國和「足球王國」巴西交手。雖然日本隊在第一場比賽就輸給德國，還好在第二場比賽由野田朱美梅開二度，以2：1擊敗巴西。縱然在第三場分組賽以0：2輸給瑞典，日本仍然以3分成為小組第三名，足以成為其中一支成績較佳的第三名球隊，拿到八強的門票。

日本在八強的對手是上屆冠軍美國。美國在這次比賽只留下哈姆（Mia Hamm）等六名上屆奪冠的成員，而且另一名核心前鋒阿科斯（Michelle Akers）在分組賽也因膝傷缺席，不過也足夠應付。她們在C組第一場比賽跟另一支亞洲球隊中國交手，雙方踢了這一屆最峰迴路轉的比賽。文圖里尼（Tisha Venturini）在22分鐘為美國打開比分，米布雷特（Tiffeny Milbrett）12分鐘之後再下一城。王麗萍之後為中國追回1球，不過哈姆在下半場6分鐘再為美國拉開比分。只是韋海英和孫雯分別在74和79分鐘各入1球，令美國領先兩球之下仍然只能打平。還好美國在之後兩場分組賽以2：0擊敗丹麥，以及以4：1大破澳洲，以較佳得失球差壓倒同樣是兩勝一和的中國拿到小組首名。日本在八強可說是被美國狠狠地教訓一頓，利利（Kristine Lilly）梅開二度，以及米布雷特的進球令美國上半場已經領先三球，文圖里尼下半場再進一球，令美國以4：0大勝日本晉級四強。

中國鏗鏘玫瑰花正紅　德國壓線坐收漁翁之利

中國隊就在這一屆世界盃展開「鏗鏘玫瑰」的序幕。在第一場分組賽逼和美國之後，中國在第二場比賽由周洋打開比分，施桂紅梅開二度，以及劉愛玲完場前的錦上添花，以4：2擊敗大洋洲代表澳洲。繼而中國隊再以3：1勝丹麥，只以一個得失球差輸給美國。到了八強，中國由孫慶梅進球領先，雖然在完場前一刻才被瑞典追平。比賽要以互射十二碼決勝，中國隊門將高虹救出對手兩次射門，令中國縱然有劉愛玲在第五輪射失，仍然以4：3淘汰地主國晉級。

中國隊在四強的對手是德國，德國在當時已經是歐洲最強的球隊，從1989年首次奪得女子歐洲盃起，六年間贏過三次歐洲盃（當時女足歐洲盃每兩年舉辦一次）。可是她們在這一次決賽圈開局並不順利，第一場面對亞洲球隊日本，也只是由奈德（Silvia Neid）進球，以1：0小勝。然後面對三個月前在歐洲盃決賽的手下敗將瑞典，竟然在領先兩球之下，被安德森（Malin Andersson）射進十二碼，以及松德哈格（Pia Sundhage）的進球追平。松德哈格在86分鐘助攻給安德森多進1球，令德國以2：3敗走。還好在第三場分組賽，德國以6：1大破巴西，才可以藉著較佳得失球差，壓倒同樣是取得2勝1負成績的瑞典成為A組首名。

德國在八強踢得相當輕鬆，由福斯（Martina Voss）、邁納特（Maren Meinert）和莫爾（Heidi Mohr）各進1球，以3：0將首次打進決賽圈的英格蘭淘汰。然後到了四強，中國在八強與瑞典鬥得筋疲力盡，令德國坐收漁翁之利，在88分鐘終於由維格曼（Bettina Wiegmann）打破僵局，以1：0結束中國的冠軍夢，德國也得以打進決賽。

⚽ 挪威坐擁地主之利90分鐘內冠軍入袋

另一個決賽的席位是美國和挪威之爭，也是第一屆決賽的翻版。挪威在分組賽可說是不費吹灰之力地大破奈及利亞、英格蘭和加拿大，三場比賽進了17球，沒有失球。到了八強，挪威遇上同樣來自北歐的丹麥，也是踢得相當輕鬆便領先3球，在完場前4分鐘才被丹麥攻破大門。挪威在四強可說是擁有天時地利人和，就算瑞典已被淘汰，地主國球迷也轉為支持北歐姊妹打倒美國，令挪威坐擁主場之利。而且挪威擁有身高達 183 公分的中鋒奧勒內斯（Ann-Kristin Aarones），令挪威擁有高空優勢。她也在10分鐘藉一次角球攻勢打破美國隊大門。就算美國下半場大舉反擊，挪威仍然挺住，以1：0擊敗美國，連續兩屆打進決賽，也報了上屆決賽的一敗之仇。美國之後以2：0擊敗中國拿到季軍。

挪威在決賽失去了因為累積兩面黃牌而停賽的隊長斯特雷（Heidi Store），不過面對相對年輕的德國，仍然足夠控制場面。里瑟（Hege Riise）在37分鐘從中場盤球拐過對手兩名球員之後，在禁區線外遠射得手，為挪威打開比數。3分鐘之後，挪威在前場搶走皮球，梅達倫（Linda Medalen）在左邊的射門雖然被對手門將救出，彼得森（Marianne Pettersen）仍然快對手一步衝到門前補中，令挪威以兩球領先優勢完結上半場。德國在下半場無法拿到進球，令挪威保持優勢到完場，埃斯佩塞特（Gro Espeseth）代表球隊舉起冠軍獎盃。這一屆的金、銀和銅球獎全部落在挪威球員手上，里瑟成為金球獎得主，中鋒奧勒內斯就以6個進球奪得金靴獎。挪威在這一屆六場比賽全部在90分鐘內擊敗對手，射進23球只失1球，奪冠可說是實至名歸。

美國成為首支兩奪冠軍的國家。（美聯社）

1999 美國在老家名利雙收

文／破風

主辦國｜美國　**冠軍**｜美國　**亞軍**｜中國　**季軍**｜巴西

> 1994年男足世界盃在號稱「足球沙漠」的美國舉行，卻成為空前成功的一屆賽事，更成為世界盃變得更商業化和全球化的起點。於是美國在五年後肩負舉辦第三屆女足世界盃，將女足推向全球的重任。雖然女足在全球的普及度並沒有增加很多，至少美國藉主場之利再登世界之巔，比賽進場人數和電視直播收看人數也破紀錄，對美國來說已經賺透了。

美國順利成地主國　本屆賽事女性參與比例高

美國申辦這次世界盃決賽圈，確實是因為舉辦1994年世界盃大獲成功，令足協決定再接再厲。由於曾經表示有意申辦的澳洲和智利之後都退出，令美國成為唯一落實申辦的國家，於是第三屆決賽圈主辦權就自然落在她們手上。

這一屆決賽圈規模從12隊擴大至16隊，上一屆參賽的12支球隊之中，只有英格蘭在這一屆沒能晉級到決賽圈。而亞洲區也增加至3個參賽席位，由1997年女足亞洲盃三甲球隊奪得。除了上屆的八強份子中國和日本，餘下一席由北韓奪得。台灣女足雖然在分組賽淘汰韓國和哈薩克奪得首名，可惜在四強戰慘吞中國隊十隻光蛋，再於季軍戰被澤穗希進了兩球，以0：2落敗，再次失落世界盃決賽圈參賽資格。至於歐洲區就是唯一舉辦資格賽的洲份，上一屆有份參賽的挪威、德國、瑞典、丹麥都能入圍，餘下兩席就由第一屆打進決賽圈的義大利，和首次打進決賽圈的俄羅斯奪得。除了規模擴大，這一屆世界盃決賽圈也是首次由女性裁判和助理裁判執法所有比賽，令更多女性參與世界盃盛事。

中國女將所向披靡　挪威吞史上最慘敗積

16支參賽隊伍分在四個小組進行分組賽，只有每組的首兩名才獲晉級八強的資格。日本和北韓兩支亞洲球隊在這次比賽的成績令人失望，日本在第一場分組賽由大竹奈美進球，才以1：1追平加拿大。可是之後兩場比賽分別以0：5和0：4慘敗在俄羅斯和挪威腳下，三場比賽只有1分，排在小組最後一名出局。北韓的情況稍為好一點，至少能以3：1擊敗丹麥，可是仍然以1勝2負的成績沒能晉級。

相反中國隊就迎來高峰，已經在1996年奧運女足項目奪得銀牌。「鏗鏘玫瑰」首戰面對強敵瑞典雖然2分鐘就失球，不過金嫣在17分鐘就為中國隊追平，劉愛玲下半場再進1球，令中國以2：1反敗為勝。然後中國藉孫雯大演帽子戲法，以及張歐影梅開二度，以7：0大勝首次參賽的迦納。繼而孫雯連進兩球，協助中國隊以3：1擊敗澳洲，三戰全勝獲得D組首名。到了八強，中國面對黑馬球隊俄羅斯的挑戰，結果中國由蒲瑋和金嫣各進一球，輕鬆以2：0贏球，連續兩屆打進四強。

中國在四強戰的對手是上屆冠軍挪威。挪威在這一屆比賽只有六名奪冠功臣仍然在陣，包括上一屆比賽大放異彩的里瑟（Hege Riise）、梅達倫（Linda Medalen）和高大中鋒奧勒內斯（Ann-Kristin Aarones）。還好分組賽對手跟她們有一段距離，於是挪威在分組賽踢得相當輕鬆，先以2：1擊敗菜鳥俄羅斯，再以7：1大破加拿大，又以4：0擊潰日本，三戰全勝獲得C組首名，奧勒內斯繼續發揮高空優勢，分組賽已經進了3球。挪威在八強遇上北歐姊妹瑞典，奧勒內斯在下半場6分鐘打開比分，彼得森（Marianne Pettersen）7分鐘之後再下一城，里瑟之後射進十二碼，令挪威以3：1勝出。中國對挪威的四強戰，本來是那年代全球女足界「四大強隊」之間的對決，可是比賽場面竟然是一面倒。孫雯3分鐘就把握對手門將接球失誤而攻陷挪威大門，劉愛玲在14分鐘在角球攻勢以右腳球不著地攻門得手，她在下半場6分鐘以左腳球不著地攻門再下一城。范運杰在65分鐘也以球不著地攻門進球，然後孫雯射進十二碼，令中國以5：0大勝挪威，第一次打進世界盃決賽，相反挪威平了她們史上最慘的敗仗比分。

上／世界盃迎來盛大的新場面。（美聯社）
下／決賽上演中美大戰。（美聯社）

美國險勝德國晉級　巴西苦戰挪威奪季軍

另一個決賽席位就由美國和巴西爭奪。在之前兩屆都在分組賽出局的巴西，隨著一代球后茜茜（Sissi）的崛起而升格為強隊，她和隊友普雷蒂尼婭（Pretinha）在第一場比賽都大演帽子戲法，助巴西以7：1大勝墨西哥。然後茜茜獨進兩球，成為巴西以2：0擊敗義大利的功臣。她再於第三場分組賽進球，協助巴西以3：3打和德國，取得B組首名。茜茜的威力實在怎樣也擋不住，當巴西在八強戰踢完90分鐘之後跟奈及利亞打成3：3，令比賽進入加時之際，她就在加時射進女足世界盃史上首個「黃金進球」，將巴西帶進四強。

至於擁有主場之利的美國，在晉級過程之中都非常順利。哈姆（Mia Hamm）、福迪（Julie Foudy）和利利（Kristine Lilly）各進1球，令美國首戰以3：0輕取在資格賽不敗的丹麥。然後美國以7：1大勝奈及利亞，以及3：0擊敗北韓，三戰全勝進了13球只失1球。美國隊的真正考驗在淘汰賽階段才開始，八強雖有時任總統柯林頓一家前來助威，美國卻踢得相當辛苦，5分鐘就有查斯頓（Brandi Chastain）和門將斯柯里（Briana Scurry）誤會之下送了烏龍球。米布雷特（Milbrett）在16分鐘為美國追平，可是半場結束前又被維格曼（Bettina Weigmann）的二十二碼遠射攻破大門。還好查斯頓在下半場4分鐘將功贖罪，令美國再次追平。後衛福西特（Joy Fawcett）在66分鐘接應角球傳中頭球建功，令美國以3：2險勝德國晉級。美國隊在獨立紀念日出戰四強，在超過七萬三千名觀眾見證之下，只花了5分鐘就由帕洛（Cindy Parlow）把握巴西門將出迎失誤，以頭球為美國打開比分。巴西在下半場傾力反攻，美國門將斯柯里的連番撲救令巴西無法追平。結果美國在80分鐘藉一次反擊，由哈姆爭取到十二碼球，在這場比賽兩度頭部受創的老將阿科斯（Michelle Akers）施射得手，令美國以2：0贏球打進決賽。巴西就在季軍跟挪威踢完120分鐘都沒進球，互射十二碼以5：4贏得季軍。

鏗鏘玫瑰失落冠軍　女足在美國落地生根

於是美國在洛杉磯的玫瑰碗球場跟中國爭奪冠軍，是1996年奧運女足決賽的翻版。這場比賽有九萬一百八十五人入場，打破女足比賽的最高進場人數紀錄，至今還是女足國際賽的紀錄，而女足比賽最高進場人數紀錄在2022年3月的女子歐冠八強賽次回合，巴塞隆納對皇家馬德里的時候才被打破。

美國在三年前以2：1擊敗中國，拿到首面奧運女足金牌。這次的戰情更膠著，美國多番攻門不果，中國也無法取得進球，令比賽進入加時。中國在加時幾乎射進黃金進球，范運杰接應角球傳中頭球攻門，眼看皮球飛進網窩，利利及時在門前頭球解圍，才不致就此失落冠軍。於是雙方踢完加時賽還是沒進球，令比賽要以互射十二碼決勝。雙方在首兩輪都射進，不過劉英在第三輪的射門被斯柯里救出。及後雙方都射進兩球，查斯頓在第五輪為美國射進，令美國以5：4勝出，繼1991年之後再次成為世界盃冠軍。孫雯只能獲得金球獎，還有以7個進球和3次助攻，跟巴西的茜茜分享金靴獎。

中國失落這次爭冠機會之後，「鏗鏘玫瑰」的黃金時代宣告結束，自始遠離世界頂級球隊的行列。相反這次大賽錄得超過一百一十萬進場人次，平均每場比賽接近三萬八千人進場，令女足運動在美國大受歡迎，並因此衍生女足職業聯賽。雖然該聯賽壽命只有三年，卻已令女足運動在美國落地生根，奠定美國此後繼續雄霸女足界的地位。

德國成為首個男女足都奪冠的國家。（美聯社）

2003 德國建立女足王朝

文／破風

主辦國｜美國　冠軍｜德國　亞軍｜瑞典　季軍｜美國

踏進二十一世紀，女足世界盃也開始漸漸成熟。本來在這世紀的第一屆決賽圈賽事是安排在中國舉行，可是因為 SARS 肆虐中國，令國際足聯撤回主辦權，於是四年前舉辦得空前成功的美國再作馮婦。由於是臨時才作安排，所以只能在容量較少的球場舉行比賽，令入場人數比上屆銳減接近一半。而且美國也沒能在家成功衛冕，反而造就德國建立她們的女足王朝。

亞洲女將四強門前全覆沒　北美州加美二國苦進四強

亞洲在這一屆賽事同樣獲得四個參賽席位，由 2003 年女子亞洲盃的四強球隊獲得。台灣女足在分組賽跟日本、緬甸、菲律賓和關島同組。雖然台灣女足輕易擊敗關島和菲律賓，可是以0：5慘敗在日本腳下，以及只能打平緬甸，最終在分組賽只獲第三名，無緣晉級四強，於是也再次缺席世界盃。結果北韓在決賽擊敗中國奪得這次女子亞洲盃冠軍，跟韓國和日本一起去美國參賽。

可惜這一屆比賽並非亞洲球隊揚威的舞台，首次參賽的韓國在分組賽三戰皆敗只進1球出局，北韓和日本也只贏了一場比賽便打道回府。上屆打進決賽的中國是唯一晉級淘汰賽的亞洲球隊，「鏗鏘玫瑰」在分組賽擊敗迦納和俄羅斯，以及打平澳洲，以2勝1和成績拿到D組首名，可是三場比賽只進3球，在對手並不算強的情況下，表現只屬勉強及格。到了八強，中國遇上加拿大，35歲老將胡珀（Charmaine Hooper）以一個頭球，在7分鐘為加拿大取得領先。中國雖然之後傾力反攻，可是踢不進對方大門，結果以0：1輸球出局。

美洲球隊在這一屆比賽的命運也好不了多少，第一次參賽的阿根廷在分組賽遇上日本、加拿大和德國悉數大敗收場，成為這屆比賽成績最差的球隊，唯一亮點是在德國身上取得1球，比同樣三戰皆敗卻一球不進的奈及利亞好一點。上一屆打進四強的巴西，雖然在分組賽大勝韓國和挪威，然後打平法國取得B組首名，可惜在八強遇上瑞典吃盡苦頭。斯文森（Victoria Svensson）以頭球為瑞典打開比分，瑪塔（Marta）雖然在半場結束前射進十二碼為巴西追平，可是安德森（Malin Andersson）在下半場射進罰球，令瑞典以2：1淘汰巴西晉級。

北美的加拿大就在第一場比賽，由目前是國際賽史上最多進球球員辛克萊爾（Christine Sinclair）射進她在世界盃的第一個進球，可是仍然大敗在德國腳下。還好之後接連擊敗阿根廷和日本獲得小組次名，然後在八強擊敗中國，第一次打進四強並遇上瑞典。

瑞典首度打入決賽　美國挾主場之勢居四強

瑞典以女足歐洲盃亞軍的身份參加這次比賽，雖然在第一場分組賽就輸給地主國美國，不過斯文森的進球令瑞典以1：0擊敗北韓，然後曾經傳出過男足義甲球隊佩魯賈也希望羅致的漢娜永貝里（Hanna Ljungberg），在第三場分組賽梅開二度，以3：0擊敗奈及利亞打進八強，然後再於八強擊敗巴西。到了四強，瑞典和加拿大踢了一小時都沒進球，直到

64分鐘，卡拉・蘭（Kara Lang）在距離球門三十五碼直接射進罰球，為加拿大取得領先。瑞典落後之下接連換上三名進攻球員，到了79分鐘，莫斯特倫（Malin Mostrom）接應罰球傳送為瑞典追平。7分鐘後，漢娜永貝里的射門被對手門將救出，替補上場的厄奎斯特（Josefine Oqvist）補射得手，令瑞典以2：1反敗為勝，第一次打進世界盃決賽。

矢志爭奪第三次世界盃冠軍的美國，在這次比賽既有主場之利，也有十二名上屆奪冠功臣在陣，包括哈姆（Mia Hamm）、福迪（Julie Foudy）和查斯頓（Brandi Chastain）等，而且還有日後成為美國史上最多進球球員的瓦巴赫（Abby Wambach）初試啼聲，自然是這一屆比賽的奪冠大熱門球隊。她們在第一場比賽就遇上強敵瑞典，還

瑞典的表現同樣出色。（美聯社）

好開始得相當順利，先由利利（Kristine Lilly）在28分鐘以球不著地射門打開比分，9分鐘後由帕洛（Cindy Parlow）的頭球再下一城。雖然瑞典在下半場追回一球，不過博克斯（Shannon Boxx）在78分鐘接應角球傳中的頭球建功，為美國隊以3：1鎖定勝局。

之後兩場分組賽，美國分別以5：0大破非洲冠軍奈及利亞，傳奇球星哈姆只花了12分鐘就梅開二度，瓦巴赫也射進她在世界盃的首個進球。然後她在第三場分組賽射進十二碼，加上懷特希爾（Catherine Reddick）獨取兩球，令美國以3：0輕取亞洲冠軍北韓，以三戰全勝成績拿到A組首名。到了八強，美國隊遇上老對手挪威，瓦巴赫的頭球為地主國取得領先。雖然懷特希爾後來的四十碼罰球射門沒進，哈姆的十二碼球又被對手門將擋下，美國隊仍然以1：0擊敗挪威，在四強跟歐洲冠軍德國相遇。

德國氣勢如虹　美國衛冕夢碎

德國雖然之前的世界盃和奧運女足項目都沒有突出成績，不過她們在這一屆比賽之前已經是五次女足歐洲盃冠軍，最近三屆都由她們掄元。她們就是等待一個稱霸世界的時機，剛好踏進二十一世紀就是好機會。第一場分組賽面對進步很大的加拿大，雖然4分鐘就被辛克萊爾進球，不過在上半場結束前就已經由維格曼（Bettina Wiegmann）的十二碼球追平。而且德國在下半場由戈特施利希（Stefanie Gottschlich）、普林斯（Birgit Prinz）和加雷弗雷克斯（Kerstin Garefrekes）各進1球，以4：1大勝而回。然後就是一代球后普林斯的表演舞台，她先是梅開二度協助德國以3：0擊敗日本，再以進球協助德國以6：1大勝阿根廷，三戰全勝成為小組首名。

到了八強，德國遇上俄羅斯，又是一場大屠殺。馬丁娜穆勒（Martina Müller）的進球為德國帶來半場領先1球的優勢。下半場開球後17分鐘，德國隊已經多進3球，令比賽變得毫無懸念。雖然俄羅斯追回1球，不過普林斯在完場前10分鐘連進兩球，以及加雷弗雷克斯在85分鐘射進個人在這場比賽的第2球，令德國以7：1大勝晉級。

氣勢如虹的德國縱然遇上皇者兼有主場之利的美國，也能夠在15分鐘由加雷弗雷克斯以頭球打開比分。雖然美國在落後之下變陣加強攻勢，光是下半場就有六次命中目標，可是射門被德國門將羅滕貝格（Silke Rottenberg）完全瓦解。美國一直沒能進球，反而在補時階段被邁納特（Maren Meinert）和普林斯以反擊各進1球，令德國以3：0粉碎美國的衛冕之夢。

雖然美國在季軍戰以3：1擊敗加拿大，對她們而言只是聊勝於無。

⚽德國終成最大贏家　瑞典由紅開黑惜敗

決賽就由德國和瑞典上演歐洲對決，也是2001年女子歐洲盃決賽的再現。這次不想再輸的瑞典上半場採取主動，獲得更多控球權，德國也採用擅長的防守反擊戰術，於是雙方拉成均勢。直到41分鐘，漢娜永貝里突破對手防線，接應斯文森的妙傳單刀射門得手，為瑞典取得領先優勢返回更衣室。

不過德國在下半場只花了40秒，就由邁納特擺脫對手攻門得手，令賽事回到原點。完場前，漢娜永貝里為隊友製造了三次攻門機會，可惜瑞典都沒能把握機會再次領先，於是比賽進入加時賽。到了加時8分鐘，林戈爾（Renate Lingor）開出罰球把皮球傳進瑞典禁區，金策爾（Nia Kuenzer）把握機會以頭球頂進網窩。由於這一屆比賽設立「黃金進球」制度，所以德國立即以2：1擊敗瑞典，史上第一次拿到世界盃，這進球也是女足世界盃史上首個黃金進球，德國總教練圖埃納（Tina Theune-Meyer）也成為史上首名女足世界盃冠軍的女性總教練。射進7個進球和作出5次助攻的普林斯，成為金球獎和金靴獎雙料個人獎項得主，最佳守門員獎也由德國的羅滕貝格奪得，最佳11人陣容之中也有5人是德國球員，德國可說是這次比賽的大贏家。

因為中國 SARS 爆發，世界盃改到美國舉行。（美聯社）

德國成為首個衛冕的國家。（美聯社）

2007 鐵血德國 延續霸業

文／破風

主辦國｜中國　**冠軍**｜德國　**亞軍**｜巴西　**季軍**｜美國

> 德國在2003年成為首個男足和女足都拿到世界盃冠軍的國家，縱然她們沒能在2004年奧運拿到女足金牌，仍然能夠及時振作，在2007年世界盃以1球不失的強勢，成為第一支成功衛冕女足世界盃的球隊。

亞洲區飲恨八強　昔日王者美國苦戰晉級

中國在四年前因為SARS（嚴重急性呼吸道症候群疫情）而失去主辦權，國際足聯作為彌補，因此早已決定讓中國在這一屆賽事成為地主國，也是中國第二次主辦女足世界盃。跟第一屆將所有比賽放在廣東省進行的安排不同的是，這次比賽是在中國南部以外的五個城市主辦。亞洲區這次還是有四個參賽名額，除了以地主國身份晉級的中國，還有2006年女子亞洲盃的四強球隊。台灣女足在這一屆亞洲盃的成績很糟糕，在分組賽面對日本、中國和越南全數敗陣，只在對日本一戰進了1球，成為賽事成績最差的球隊，當然也沒有機會參加世界盃。

於是這一屆比賽的亞洲區代表是中國、北韓、日本和從大洋洲轉籍到亞洲的澳洲。或許是這次比賽在亞洲舉行，所以亞洲球隊的成績算是不錯，只有日本沒能晉級八強，在分組賽只贏一場便出局。其餘三支亞洲球隊都以小組次名成績晉級，北韓在第一場比賽以2：2打平美國，然後以2：0擊敗奈及利亞，雖然最後一場比賽輸給瑞典，不過仍然能夠以較佳得失差，壓倒同分的瑞典出線，上屆亞軍瑞典卻在分組賽就出局了。

澳洲就在第一場比賽以4：1大勝迦納，然後打平挪威和加拿大兩支強隊，以1勝2和成績壓倒上屆的四強球隊加拿大晉級。中國雖然有主場之利，可是孫雯一代的「鏗鏘玫瑰」退下導致後繼無人，在分組賽面對如日中天的巴西，就只能吃掉四隻光蛋。還好中國擊敗丹麥和紐西蘭，屈居巴西之下成為小組次名。不過三支亞洲球隊到了淘汰賽便氣數已盡，全數在八強落敗出局。

昔日王者美國在這一屆比賽也墜進低谷，1999年一屆的冠軍成員已經所餘無幾。她們在分組賽的對手跟上屆是一模一樣，可是踢得艱難很多。第一場面對北韓雖然有進球機器瓦巴赫（Abby Wambach）打開比分，之後卻在4分鐘內連失兩球變為落後，然後才由奧賴利（Heather O'Reilly）進球追平，最終以2：2打平。第二場比賽對瑞典，瓦巴赫梅開二度之下，美國以2：0贏球。在最後一場分組賽遇上弱旅奈及利亞，美國

右／巴西大勝美國一戰非常精彩。（美聯社）
左／美國擊敗挪威奪得季軍。（美聯社）

也只能夠由查盧普尼（Lori Chalupny）開賽不足1分鐘就進球，以1：0僅僅取勝，3戰2勝1和的成績足以讓她們拿到小組首名。

⚽ 美國後繼無力　巴西勢如破竹

到了八強，美國總算踢了一場代表作，由瓦巴赫、博克斯（Shannon Boxx）和利利（Kristine Lilly）三名上屆比賽的老臣在下半場各進1球，以3：0大勝英格蘭晉級，在四強跟巴西對上。

巴西在球后瑪塔（Marta）的領軍之下展現強勢，她在第一場比賽就梅開二度，令巴西以5：0大勝紐西蘭，然後在對中國一戰又進兩球，令坐在武漢觀眾席上的五萬四千名主隊球迷失望而回。第三場分組賽相對來說贏得比較驚險，雖然以主力陣容出戰，巴西到了補時階段才由普雷蒂尼婭（Pretinha）進球，以1：0擊敗丹麥，三戰全勝進10球不失1球之下成為小組首名。

巴西在八強遇上澳洲，兩隊合演一場本屆最鋒

迴路轉的比賽。傳奇球員佛明加（Formiga）在4分鐘為巴西打開比分，瑪塔在23分鐘射進十二碼，擴大巴西的領先優勢。不過澳洲及後由德・凡納（Lisa De Vanna）和科爾索普（Lauren Colthorpe）各進1球，將比分追成2：2平手。這時克里斯蒂安妮（Cristiane）挺身而出，在75分鐘進球為巴西再度領先，結果巴西以3：2擊敗澳洲晉級。

遇上銳不可當的巴西，美國這一次實在無法招架。奧斯本（Leslie Osborne）的烏龍球令巴西在20分鐘打開比分，瑪塔7分鐘後再進一球，令巴西以兩球優勢完結半場。換邊之後仍然是巴西的天下，克里斯蒂安妮在56分鐘再下一城，加上瑪塔再進1球，徹底擊破美國人重奪錦標的希望。於是巴西以4：0大勝美國，第一次打進世界盃決賽。

可惜巴西遇上王者德國，德國在這一屆比賽帶上11名四年前的冠軍隊成員，包括狀態更佳的球后普林斯和前鋒好搭檔加雷弗雷克斯（Kerstin Garefrekes）。普林斯在第一場比賽已經連中三元，協助德國以11：0大破阿根廷，打破當時的世界盃最懸殊比分紀錄。第二場面對開始大力發展女足的英格蘭，雖然沒能取勝，不過在第三場比賽以2：0擊敗日本，令她們仍然足以成為小組首名。德國隊在八強和四強都踢得比預期輕鬆，加雷弗雷克斯、林戈爾（Renate Lingor）和克拉恩（Annike Krahn）各進1球，德國以3：0擊敗北韓打進四強。然後德國在四強遇上已經沒落的昔日冠軍球隊挪威，在42分鐘由對手的倫寧（Trine Ronning）

的烏龍球取得領先。施特格曼（Kerstin Stegemann）和馬丁娜穆勒（Martina Müller）下半場3分鐘內各進1球，協助德國同樣以3：0擊敗挪威，連續兩屆打進決賽。挪威在季軍戰再以1：4慘敗於美國腳下，此後十五年無論在世界盃、奧運還是歐洲盃，也再沒有突出的表現和成績。

德國奪冠延續女足盛世　巴西個人獎項入袋

於是德國和巴西在這一屆的決賽交手，可說是2002年男足世界盃決賽之後，兩國再次於大型足球舞台的決賽碰頭，也是普林斯和瑪塔當世兩大球后的對決，不過這次的情況跟五年前在日本的男足對決剛好相反。雙方在上半場互無比分，到了下半場7分鐘，德國在中場阻截對手的進攻並作出反擊，斯米塞克（Sandra Smisek）在禁區傳中給後上的普林斯，球后第一時間把皮球送進巴西網窩，為德國取得領先。11分鐘後，德國的布雷索尼克（Linda Bresonik）在禁區撞倒對手前鋒克里斯蒂安妮，令巴西獲得十二碼，可是瑪塔的射門被德國門將安格勒（Nadine Angerer）救出，錯失為球隊追平的良機。大難不死的德國在完場前4分鐘，再由勞德爾（Simone Laudehr）接應林戈爾的角球傳中，以頭球為德國再下一城。結果德國以2：0擊敗巴西，為男足隊報了仇，也延續了德國在二十一世紀之始的女足盛世。而且這一次德國六場比賽都沒失球，比四年前贏得更有說服力。不過個人獎項方面，巴西的瑪塔以7個進球和5次助攻，拿下金球獎和金靴獎兩項個人獎，算是對巴西女足的安慰獎。

日本首次奪得世界盃，也是亞洲首次奪得冠軍。（美聯社）

2011 大和撫子譜亞洲足球傳奇

文／破風

主辦國｜德國　**冠軍**｜日本　**亞軍**｜美國　**季軍**｜瑞典

2011年對於日本足球，甚至是亞洲足球來說，是一個永遠載入史冊的年份。因為來自亞洲的日本隊，在這一年舉行的世界盃屢創奇蹟，甚至拿下冠軍，成為亞洲足球第一次稱霸世界的光輝時刻。

從全勤獎到擊敗衛冕冠軍　日本靠強守強攻扭轉命運

在這一屆世界盃開打之前，連日本人自己也不相信能夠拿冠軍。縱然日本隊在1991年第一屆比賽開始，就沒有缺席每一屆世界盃決賽圈，可是最佳成績也只是在1995年從分組賽突圍，到了八強就回家了。而在「另一個世界盃」，也就是奧運女足項目上，日本也只是在2008年一屆打進四強，最終也是沒有獎牌。

這一屆決賽圈的三個亞洲區參賽名額，是由2010年女子亞洲盃三甲球隊獲得。日本隊在亞洲盃決賽圈分組賽擊敗北韓、泰國和緬甸拿到小組首名，可是在四強以0：1輸給澳洲，然後在季軍戰以2：0擊敗中國，才勉強拿到世界盃參賽門票，所以在決賽圈開打之前，確實沒有什麼讓人看好的地方。

順帶一提，台灣女足在這一次亞洲盃開始陷入低谷，竟然在資

瑞典穩定地奪得季軍。（美聯社）

格賽連敗於緬甸和約旦腳下，連決賽圈也打不進，是史上距離世界盃最遙遠的一次，相信台灣女足的球迷也不想再回顧這段黑歷史吧。

到了決賽圈，日本隊在分組賽跟英格蘭、墨西哥和紐西蘭交手。日本先在第一場比賽由永里優季和宮間綾各進1球，以2：1擊敗紐西蘭。然後在第二場分組賽，澤穗希大演帽子戲法，加上大野忍的進球，以4：0大勝墨西哥，提早確定晉級八強。只要在第三場比賽不輸球，日本就可以取得小組首名。可是日本卻被懷特（Ellen White）和揚基（Rachel Yankey）射進大門，以0：2輸球之下，也將首名資格讓給英格蘭，只能夠以次名身份出線。

失掉首名資格的後果，就是在八強要挑戰力爭三連霸而且有主場之利的德國。德國擁有兩屆冠軍功臣普林斯（Birgit Prinz）、安格勒（Nadine Angerer）和加雷弗雷克斯（Kerstin Garefrekes）等球星，在分組賽也踢得相當順利，先以2：1擊敗加拿大，再以1：0輕取奈及利亞，然後以4：2擊敗法國，以三戰全勝的成績取得小組首名。於是大部分人都認為，日本在世界盃的旅程就此結束。不過在普林斯因傷缺席之下，德國沒法打破日本大門，雙方踢了90分鐘都沒進球。到了加時下半場3分鐘，替補上陣的丸山桂里奈突破德國防線，接應澤穗希的妙傳之後將皮球射進德國大門。德國落後之下仍然無法進球，最終日本隊以1：0將德國隊淘汰，結束對手三連霸的美夢。

美國擊敗法國挺入最終戰　瑞典頻頻失誤止步四強

到了四強，日本遇上另一支歐洲強隊瑞典。瑞典在分組賽以兩場1：0，擊敗後來被查出球員服用禁藥的哥倫比亞和北韓，而且在最後一場分組賽以2：1擊敗美國，以三戰全勝的成績拿到小組首名，再於八強以3：1擊敗另一支亞洲代表球隊澳洲。瑞典只用了10分鐘便攻破日本隊大門，厄奎斯特（Josefine Oqvist）突破日本防線取得進球，讓人以為日本淘汰德國，只是為瑞典鋪路而已。還好川澄奈穗美只用了9分鐘，就在門前接應宮間綾的傳中球，以頭球為日本隊追平。之後雙方勢均力敵，瑞典隊門將林達爾（Hedvig Lindahl）卻成為比賽後段的關鍵人物。她先在60分鐘出迎高空球失誤，被門前的澤穗希快一步以頭球建功，日本得以反超前。4分鐘之後，林達爾再一次神經大條，不必要地走出禁區之外解圍，皮球卻落在川澄奈穗美腳下，於是川澄把握機會，第一時間把皮球吊進空門，協助日本將領先優勢擴大，並以3：1擊敗瑞典，成為第一支打進世界盃決賽的亞洲球隊！

日本與跨過低谷的美國爭奪冠軍。已經連續兩屆失落世界盃的美國，在分組賽由切尼（Lauren Cheney）和比勒（Rachel Buehler）進球，以2：0擊敗北韓。然後奧賴利（Heather O’Reilly）、拉皮諾（Megan Rapinoe）和勞埃德（Carli Lloyd）各建一功，以3：0大破哥倫比亞。

可惜在最後一場分組賽，勒佩爾伯（Amy LePeilbet）的烏龍球令美國隊踢了35分鐘就落後兩球；縱使瓦巴赫（Abby Wambach）之後追回1球，美國仍然以1：2輸給瑞典，只能夠以小組次名身份晉級。美國在八強遇上分組賽三戰全勝，而且不失1球的巴西。美國在這場比賽完全陷入苦戰，雖然踢了還不夠兩分鐘，就有對手的戴安娜（Daiane）送出烏龍球而取得領先。不過瑪塔（Marta）在68分鐘射進十二碼為巴西追平，令比賽需要進入加時。在加時賽就輪到瑪塔踢了不夠兩分鐘就為巴西反超前，瓦巴赫在加時結束前的一刻，卻以進球將差不多要回家的美國拉回來。結果戴安娜再次為美國「建功」，在互射十二碼階段成為唯一射失的球員，美國以5：3淘汰巴西。

美國在四強遇上新貴法國，切尼用了9分鐘就為美國打開比分。法國隊

美國的瓦巴赫（圖左）及摩根表現相當出色。（美聯社）

在下半場10分鐘由邦帕斯托（Sonia Bompastor）追平。畢竟美國始終技高一籌，於是瓦巴赫和球迷非常熟悉的摩根（Alex Morgan）再下一城，美國以3：1擊敗法國，自1999年奪冠之後再次打進決賽。

美國最終戰自亂失利　大和撫子奪冠奠定女足傳奇

美國在決賽擁有壓倒性優勢，可是瓦巴赫上半場的攻門，和摩根在下半場早段的門前射球，都被門樑和門柱擋下來。到了69分鐘，摩根終於找到空位，為美國隊打開比分。還好到了81分鐘，美國後防解圍時自亂陣腳，被宮間綾在門前把握機會將皮球送進網窩，令比賽進入加時階段。瓦巴赫在加時上半場14分鐘，把握日本後防體力不繼沒能緊迫，在門前以頭球為美國再度領先。澤穗希及後再施魔法，接應角球傳中比對手快一步把皮球踏進美國大門，再次為日本隊追平。雙方踢完加時賽還是2：2平手，於是又要以互射十二碼決勝。

全場占優的美國，到了互射十二碼球竟然大失水準，先是博克斯（Shannon Boxx）射中門楣失了第一球，勞埃德在第二球更是踢飛了。雖然永里優季的施射被美國隊門將蘇露（Hope Solo）救下，海堀步也救了希思（Tobin Heath）的第三個施射。為美國射第四球的瓦巴赫終於射進，可是當熊谷紗希也射進第4球之後，日本終於在十二碼以3：1擊敗美國，從國際足聯主席手上接過女子世界盃獎座，為受到同年東日本大地震傷害的日本人帶來及時的安慰。而且澤穗希以5個進球和1次助攻，一舉奪得金球獎和金靴獎，奠定日本女足史上第一人的地位，也開創了大和撫子延續數載的盛世。

美國三奪世界盃冠軍。（美聯社）

2015 美國三度封后 再創高峰

文／破風

主辦國｜加拿大　冠軍｜美國　亞軍｜日本　季軍｜英格蘭

第七屆女足世界盃決賽圈再次回到美洲大陸舉行，美國在擁有主場之利，以及勞埃德（Carli Lloyd）和蘇露（Hope Solo）等元老級球員大熟大勇之下，終於在決賽擊敗日本，第三次奪得冠軍，重拾失落十多年的世界球后地位。

亞洲區名額增發　南韓泰國搶到小組賽門票

由於日本在上一屆比賽歷史性拿到冠軍，完全地為亞洲爭光，加上這次世界盃決賽圈參賽隊伍數目增加至24隊，所以亞洲區在這次決賽圈獲發5個名額，只有歐洲獲得的名額比亞洲多。可惜的是還是沒有台灣女足的份。台灣女足延續上屆周期的低迷，在女子亞洲盃資格賽表現不理想，雖然大勝印度和巴勒斯坦，可是沒能擊敗緬甸，得失球差不及同分的緬甸而沒能晉級決賽圈，自然也沒能爭奪世界盃名額。結果擴軍的亞洲區受益球隊就是在亞洲盃只得殿軍的韓國，還有透過附加賽第一次拿到門票的泰國。她們跟亞洲盃三甲球隊日本、澳洲和中國一起參賽。

5支亞洲球隊在這次大賽的成績都不錯，只有泰國在分組賽出局，不過也擊敗象牙海岸沒有成為小組最後一名。韓國雖然輸給巴西，不過打平了哥斯大黎加，而且由趙昭賢和金守娟進球，以2：1擊敗第一次參賽的西班牙，以小組次名成績打進十六強，可惜在十六強以0：3輸給法國出局。

澳洲和中國就能夠在十六強晉級。澳洲首戰輸給美國，然後擊敗了奈及利亞和打和瑞典，壓倒瑞典成為小組次名。繼而在十六強，由賽門（Kyah Simon）在80分鐘進球，以1：0爆冷擊敗巴西晉級，在八強輸給日本。中國先在開幕戰輸給地主國加拿大，然後由王麗思在補時階段的進球，以1：0險勝第一次參賽的荷蘭，再於第三場分組賽以2：2打和紐西蘭，以較多進球壓倒得分和得失球差相同的荷蘭拿到小組次名。繼而在十六強，王珊珊的進球協助中國以1：0擊敗喀麥隆晉級，然後在八強輸給老對手美國止步。

日本表現依舊亮眼　英格蘭送烏龍球吞敗

亞洲區球隊成績最好的還是日本，日本在分組賽抽得好籤，跟三個實力不太強的對手比賽熱身。保留了澤穗希等大部分上屆奪冠主力的日本，在第一場比賽由宮間綾射進十二碼，以1：0小勝瑞士。然後在第二場比賽，鮫島彩和菅澤優衣香的進球，讓日本在17分鐘已經鎖定勝局。大儀見優季（現在叫永里優季）在第三場比賽5分鐘就進球，令日本以1：0輕取厄瓜多，三戰全勝取得小組首名。日本在十六強遇上荷蘭，有吉佐織和阪口夢穗的進球令大和撫子以2：1取得晉級資格。八強則是亞洲盃決賽的翻版，岩渕真奈在87分鐘的進球，令日本以1：0再次擊敗澳洲。

日本四強的對手是女足發展大復興的英格蘭。英格蘭雖然在第一場分組賽輸給法國，不過之後以2：1擊敗墨西哥和哥倫比亞，取得小組次名。然後在十六強，英格蘭再以2：1擊敗挪威，八強也是以同樣比分，將地主國加拿大的奪冠之夢粉碎。四強的比分也是2：1，只是這次英格蘭淪為輸家。宮間綾在33分鐘射進十二碼為日本打開比分，威廉斯（Fara Williams）7分鐘後也以十二碼為英格蘭追平。當比賽準備進入加時賽之際，川澄奈穗美的右路傳中，卻令巴西特（Laura Bassett）解圍不慎變為送出烏龍球，將決賽門票拱手讓予大和撫子。

日本在決賽再次與美國碰頭。美國在分組賽首戰由拉皮諾（Megan Rapinoe）梅開二度，以3：1擊敗澳洲。然後以0：0打和瑞典，以及由瓦巴赫（Abby

日本表現其實也很出色。（美聯社）

Wambach）進球，以1：0擊敗奈及利亞，三戰7分拿到小組首名。到了淘汰賽階段，美國也踢得相當輕鬆，先由摩根（Alex Morgan）和勞埃德各進1球，在十六強以2：0淘汰哥倫比亞。勞埃德在八強再建一功，以1：0擊敗中國晉級四強。

德國強兵後繼無力　美國擊敗日本重回霸主地位

德國是美國在四強的對手。她們先以平紀錄的10：0大破象牙海岸，再以1：1打和挪威和以4：0擊敗泰國取得小組首名。沙希奇（Celia Sasic）在十六強梅開二度，德國以4：1大勝瑞典；她再於八強射進十二碼，令德國逼和法國，最終在互射十二碼以5：4勝出。

可惜德國遇上美國沒能延續之前的強勢，縱然先獲得十二碼，沙希奇卻連續兩次射失，令德國錯失領先良機。大難不死的美國隊在69分鐘由勞埃德射進十二碼打開比分。並在84分鐘盤球在左邊突破傳中，讓替補上場的奧哈拉（Kelley O'Hara）門前射進致勝球，美國以2：0擊敗德國打進決賽。德國在季軍戰加時階段失球，以0：1輸給英格蘭，只能獲得殿軍。

英格蘭女足大復興。（美聯社）

銳意再次成為女足霸主的美國，在決賽面對上屆世界盃決賽和 2012 年奧運女足項目決賽的對手日本，可說是一開始就完全不客氣。勞埃德3分鐘就以角球攻勢為美國隊取得領先，兩分鐘後，勞埃德再藉罰球攻勢拉開比分。哈勒戴（Lauren Holiday）把握岩清水梓解圍失誤，再為美國多進一球。勞埃德把握對手門將遠離球門，在後半場把皮球送進網窩，美國只花了16分鐘就領先4球，勞埃德也成為女子世界盃史上最快完成帽子戲法的球員。

日本並沒有放棄，大儀見優季在27分鐘為大和撫子先追一球。宮間綾在下半場7分鐘開出罰球，令美國中衛約翰斯通（Julie Johnston—現在稱厄茨（Julie Ertz））誤把皮球頂進自己網窩，將比分差距收窄到兩球。可是美國兩分鐘後又把握角球攻勢，由希思（Tobin Heath）進球再次拉開比分。結果美國以5：2大勝日本，重奪失落16年的世界盃，也令她們以第三次奪冠，再次成為女足世界盃奪冠次數最多的國家。

勞埃德獲得金球獎，雖然她跟德國的沙希奇同樣是射進6球和作出1助攻，可是她的上場時間較多，所以金靴獎由沙希奇奪得。美國自2012年奧運奪金，再次建立至少長達10年的女足盛世，這次奪冠是重要的里程碑。

美國四奪冠軍，史無前例。（美聯社）

2019 美女四度登基 奠女足之霸

文／破風

主辦國｜法國　冠軍｜美國　亞軍｜荷蘭　季軍｜瑞典

在女足世界之中，挪威、德國、瑞典、日本和中國都曾經登上世界之巔。可是這些女足強隊到了第八屆世界盃的時候，都已經遠離可以爭霸的地位。相反美國女足一直屹立不倒，結果造就她們在 2019 年世界盃一枝獨秀，以無敵姿態輕鬆拿下第四次冠軍，成為女足界唯一的霸主。

亞洲隊全軍止步十六強　泰國慘吞十三隻光蛋

美國可說是這一屆比賽唯一的主角，所以她們在這一屆比賽怎樣威風，還是留待最後才跟大家詳細的說。對於我們來說，最值得關注的當然是台灣女足和亞洲球隊在這一屆比賽的表現。實在很抱歉，這一屆無論是台灣女足還是其他亞洲球隊，都沒有令人欣喜的成績和表現。首先是台灣女足在女子亞洲盃已是第三次打不進決賽圈，自然也沒有爭奪世界盃門票的資格。然後就是五支代表亞洲參賽的球隊，雖然有日本、澳洲和中國三支球隊從分組賽晉級，可是全都在十六強敗在歐洲球隊腳下出局，韓國和泰國則在分組賽被其他洲的球隊殺個片甲不留，三戰全敗出局。

泰國女足更在這一屆比賽創下多個恥辱紀錄。在第一場分組賽她們遇上力爭衛冕的美國，結果慘吞了十三隻光蛋，打破世界盃決賽圈史上最大懸殊比分和最大敗仗紀錄。當然另一面就是美國打破最大勝仗紀錄，美國的摩根（Alex Morgan）在這場比賽獨取 5

球，也追平她的前輩阿科斯（Michelle Akers）的世界盃決賽圈單場最多進球球員紀錄。泰國女足在首戰慘敗之後，她們再以1：5被瑞典重擊，第三場分組賽也以0：2輸給智利，結果三戰進1球失20球，以負19球打破世界盃決賽圈最差得失球差紀錄。

美國本屆如入無人之境　輕鬆殺進決賽

說完泰國女足就開始說美國吧。美國在第一場比賽就以破紀錄大勝振聲威，於是在第二場比賽面對實力也不怎麼樣的智利，由勞埃德（Carli Lloyd）梅開二度，以3：0輕鬆取勝。到了第三場分組賽對昔日的豪強瑞典，也以2：0贏球。美國隊三場分組賽全勝，進了18球，1球也沒有丟。

在淘汰賽的路上，美國也沒有遇上太多考驗，在十六強遇上西班牙，拉皮諾（Megan Rapinoe）在7分鐘就射進十二碼取得領先。雖然兩分鐘之後被對手追平，不過下半場拉皮諾再進1球，令美國以2：1取勝晉級。拉皮諾在八強再次發威連進兩球，將地主國法國輕易掃走。到了四強，美國終於遇上看起來能夠有力一拚的英格蘭，縱然有拉皮諾因傷缺席，還是完全把局勢掌控在心。普雷斯（Christen Press）在10分鐘就以頭球為美國打開比分，雖然9分鐘之後因為防守失誤被懷特（Ellen White）為英格蘭追平，不過在31分鐘就由摩根以頭球為美國再度領先。英格蘭之後無力再進球，於是美國昂然殺進決賽。

⚽荷蘭挾歐冠之勢　攻破四強瑞典險進決賽

美國在決賽遇上這些年在女足界以火箭般速度進步的荷蘭。荷蘭女足以往一直都只是小角色，在2009年才第一次打進女子歐洲盃，然後在2015年第一次參加世界盃決賽圈，也只是勉強打進十六強。不過這支球隊踢法和球員長相一樣華麗的球隊，在2017年歐洲盃竟然六戰全勝，把挪威、瑞典和英格蘭等強敵全數拿下，第一次成為女子歐洲盃冠軍，這支荷蘭女足隊讓人回想起1974年和1988年的全能足球荷蘭。

於是荷蘭女足挾住歐洲冠軍的強勢，到法國參與她們的第二次世界盃之旅。荷蘭在這次決賽圈開局並不順利，面對弱旅紐西蘭竟然要在完場前才進球險勝。還好荷蘭女足漸入佳境，在第二場比賽由米德馬（Vivianne Miedema）梅開二度，以及布拉德沃思（Dominique Bloodworth）的進球，以3：1擊敗喀麥隆獲得出線權。到了第三場比賽，荷蘭遇上同樣正在上升的加拿大，雖然被國際足

瑞典再一次獲得世界盃季軍。（美聯社）

球史上進球最多的辛克萊爾（Christine Sinclair）進球，仍然以2：1取勝，三戰全勝獲得小組首名。到了十六強，荷蘭隊就由另一名美女前鋒馬滕斯（Lieke Martens）獨領風騷，她在17分鐘就攻破日本大門。長谷川唯一度追平，結果馬滕斯在完場前射進十二碼，令荷蘭以2：1贏球，將之前兩屆都打進決賽的「大和撫子」淘汰。

荷蘭在八強遇上同樣來自歐洲的義大利，米德馬在70分鐘才攻破對手為荷蘭取得領先，范德格拉特（Stefanie Van der Gragt）10分鐘後再下一城，助鬱金香軍團再贏一場晉級。四強對於荷蘭來說是相當困難的一戰，她們遇上愈戰愈勇，之前將加拿大和德國淘汰出局的瑞典。瑞典女足在上半場兩度擁有進球良機，荷蘭守衛及時解圍才不致失球。下半場輪到荷蘭採取主動，可是沒能攻破瑞典大門。於是比賽進入加時，荷蘭終於在99分鐘由格羅伊能（Jackie Groenen）的遠射建功，才終於以1：0險勝打進決賽。瑞典就在季軍戰以2：1擊敗英格蘭獲得安慰獎。

美國七戰全勝　荷蘭不敵僅奪亞軍

荷蘭進步神速。（美聯社）

從兩支球隊的晉級過程來看，美國絕對是稍勝一籌，決賽的進程也印證這一點。擁有拉皮諾復出的美國從一開始就向荷蘭猛烈進攻，光是摩根就有兩次致命攻門，還好荷蘭門將范韋恩達爾（Sari van Veenendaal）及時化解。可惜下半場荷蘭隊還是出現失誤，范德格拉特在禁區踢倒摩根，美國獲得十二碼，拉皮諾在61分鐘射進，為美國取得領先。打開缺口的美國隊迅速再下一城，8分鐘後由中場拉韋爾（Rose Lavelle）盤球在禁區外射門，這次范韋恩達爾也沒能挽救，令美國提早穩操勝券。於是美國無驚無險地以2：0完勝荷蘭，繼德國之後成為第二支在女足世界盃完成衛冕的球隊。

射進6球和助攻3次的拉皮諾更成為金球獎得主，由於她的上陣時間比同樣是射進6球和助攻3次的隊友摩根為少，所以她也囊括金靴獎。總教練伊利斯（Jill Ellis）也成為女足世界盃史上第一個完成衛冕的總教練。美國在這次比賽七戰全勝，而且都是在90分鐘之內解決對手，成為女足世界盃史上單屆賽事贏球最多的球隊。美國在這一屆賽事合共射進26球，只失3球，也成為世界盃單屆史上進球最多和得失球差最佳的球隊，可說是以壓倒性優勢奪得冠軍。在2023 年的第九屆賽事，美國女足能否完成史無前例的世界盃三連霸，肯定是球迷最關注的其中一個焦點。

西班牙首奪世界盃。（美聯社）

2023

西班牙首度稱后 引起軒然大波

文／破風

主辦國｜澳洲、紐西蘭　**冠軍**｜西班牙　**亞軍**｜英格蘭　**季軍**｜瑞典

第九屆女足世界盃創造了新時代，也成就了很多的第一次。此前在女足界藉藉無名的西班牙，藉著近年在女足發展上進步神速，一舉拿下多個老牌強隊，首次奪得冠軍！這次世界盃由澳洲和紐西蘭合辦，也是第一次女足世界盃出現多於一個地主國，更是第一次由兩個不同洲份的屬會合辦，而且也是第一次在南半球舉行。隨著女足在世界普及程度倍增，這次決賽圈的隊伍數目也從24支增至32支，也造就了8支球隊獲得首次參賽的機會，當中摩洛哥更力壓兩屆冠軍德國晉級十六強。雖然這次比賽在距離足球主流強國歐美地區偏遠的澳紐舉辦，64場比賽卻錄得超過197萬人次入場，每場平均進場人數超過三萬人，都是歷屆之冠，因此本屆賽事獲稱為「最成功的一屆女足世界盃」。

⚽ 紐西蘭保有地主顏面退場　澳洲驚險殺進四強

對於地主國紐西蘭和澳洲來說，這次比賽肯定是她們史上最成功的一屆。紐西蘭以往只是乘大洋洲「池中無魚蝦自大」，才成為女足世界盃和奧運會決賽圈的常客，卻往往只是任人魚肉。只是紐西蘭在本屆開幕戰就由威爾金森（Hannah Wilkinson）進球，以1：0擊敗已沒落的昔日冠軍挪威，取得史上第一場決賽圈勝利，賽後隊長萊利（Ali Riley）也禁不住流下感動喜悅的淚水。可惜紐西蘭在第二場比賽竟然輸給首次參賽，實力也不怎麼樣的菲律賓，縱使她們在最後一場打平瑞士，卻因為曾經是手下敗將的挪威，在同一時間展現「爛船尚有三斤釘」的戰力，以6：0大勝菲律賓，於是紐西蘭在得失球差不及挪威之下，未能再次打破歷史殺進淘汰賽，不過她們也能在地主隊球迷面前驕傲退場。

另一支地主國球隊澳洲更是首次殺進四強，不過她們的晉級道路遠比賽前預期的更困難和驚險。本來澳洲擁有目前女足史上薪資最高的球星克爾（Sam Kerr）領軍，令不少人看好她們可以有好成績。可是這名現今女足界其中一名最強的前鋒，卻在開賽前一刻才再次受傷，在分組賽幾乎只能坐在替補席。於是澳洲在失去大將之下，第一場面對首次晉身決賽圈的愛爾蘭，也只能以一個十二碼進球險勝。然後在第二場分組賽遇上黑馬奈及利亞，雖然老將埃格蒙德（Emily van Egmond）為澳洲打開比分，可是頑強的「非洲鷹」連進三球，就算澳洲在完場前進球拉近比分，打出了本屆其中一場最精彩的比賽，澳洲也只能接受敗局。於是澳洲在最後一場分組賽必須擊敗應屆奧運金牌得主加拿大，才可免於出局。結果澳洲打出超水準，由拉索（Emily Raso）梅開二度，以4：0大勝加拿大取得晉級資格，加拿大貴為奧運金牌得主，卻只能在分組賽出局，陣中的國際足球史上進球最多的球員辛克萊爾（Christine Sinclair）無法在這次比賽刷新進球紀錄。死裡逃生的澳洲到了淘汰賽，就完全是另一回事了。她們在十六強賽以2：0輕易擊敗在分組賽淘汰中國的丹麥，隊長克爾也終於可以替補上場。然後在八強面對近年也是進步很大的法國，雙

多名主力缺席下的英格蘭，能夠打進決賽已屬不簡單了。（美聯社）

方踢完加時賽還是進不了球，結果雙方在互射十二碼也是拉鋸了九輪，此前雙方都有三個球員射失。到了第十輪，澳洲射進，法國卻宴客，結果澳洲以7：6勝出，創造歷史。

哥倫比亞驚喜挺進八強　英格蘭發揮意外出色

澳洲在四強的對手是應屆歐洲盃冠軍英格蘭。英格蘭在這次比賽可謂多災多難，在一年前歐洲盃拿到最佳球員獎和金靴獎的米德（Beth Mead）、隊長兼後防大將威爾金森（Leah Wilkinson）和中場核心柯比（Fran Kirby）也因為嚴重受傷，這次都無法參賽，對於將冠軍拿回家為目標的「三雌獅」來說是重大打擊。還好英格蘭展現她們是目前女足界其中一支最強球隊的實力，在分組賽輕取海地、丹麥，並以6：1大破中國，以三戰全勝姿態晉級淘汰賽。到了十六強，英格蘭遇上在分組賽表現勇猛的奈及利亞，她們在比賽中陷入劣勢，幾乎被對手擊敗。還好她們挺住，在加時賽後雙方都沒有進球。結果英格蘭在互射十二碼球大戰以4：2擊敗非洲鷹晉級。

英格蘭在八強遇上本屆最大驚喜球隊哥倫比亞。哥倫比亞在分組賽跟兩屆冠軍德國同組，她們先在第一場比賽以2：0擊敗韓國，然後在第二場比賽完全壓倒德國，雖然在89分鐘被德國以十二碼球追平，不過哥倫比亞在補時7分鐘由凡內加斯（Manuela Vanegas）進球將德國擊敗。雖然哥倫比亞在最後一場輸給摩洛哥，可是德國竟然沒能擊敗兩戰皆北的韓國，結果哥倫比亞保住小組首名，德國卻首次在女足世界盃分組賽黯然出局。

哥倫比亞在十六強的對手是令人非常意外的牙買加，牙買加能晉級是有點幸運成份，因為她們在分組賽也只贏了弱旅巴拿馬，卻在另外兩場比賽都打和法國和巴西。巴西則在此前輸給法國，結果一代球后瑪塔（Marta）在一球不進之下，分組賽結束後就提早告別最後一次參與的世界盃舞台。由於牙買加實力其實也不強，所以哥倫比亞在十六強能以1：0贏球，首次打進八強。哥倫比亞在八強率先進球，不過英格蘭始終是世界強隊，所以很快追平，而且在下半場由魯索（Alessia Russo）進球，以2：1反敗為勝晉級四強。

已經進入狀態的英格蘭，在四強令地主國澳洲完全無法招架。圖恩（Ella Toone）的進球令英格蘭以領先姿態完結上半場，雖然克爾終於在這次比賽進球為澳洲追平，不過英格蘭的希普（Lauren Hemp）和魯索再進一球，三雌獅以3：1擊敗澳洲晉級決賽，澳洲則在季軍戰也以0：2輸給瑞典，不過殿軍也已是她們的最佳成績。

⚽ 瑞典擊敗美國保住四強　西班牙撐過拉鋸戰奪冠

本屆大賽的最後贏家是西班牙，西班牙女足近年在球會級別稱霸，巴塞羅納更是應屆女足歐冠冠軍。不過她們的總教練比爾達（Jorge Vilda）早於2022年便跟15名國腳鬧翻，直接導致西班牙在歐洲盃成績不佳，這15名球員最終只有三人能參加這次決賽圈，加上陣中名氣最大的球星普特拉絲（Alexia Putellas）重傷後久休復出，幾乎無法出戰，於是國際足壇認為她們能拿冠軍的人不多。西班牙在分組賽能輕易大破實力不佳的哥斯大黎加和尚比亞，卻在最後一場分組賽以0：4慘敗在日本腳下，將小組首名拱手讓人。不過對於西班牙來說沒了首名也沒所謂，她們在十六強由邦馬特（Aitana Bonmati）梅開二度，以5：1大勝瑞士，然後在八強戰至加時階段，由帕拉爾盧埃洛（Salma Paralluelo）射進致勝球，以2：1擊退上屆亞軍荷蘭。

西班牙在四強遇上瑞典。身為歷久不衰的傳統強隊，瑞典卻一直沒法拿到世界盃和奧運金牌，所以她們這次世界盃是志在必得。她們在分組賽展現強隊本色，先後擊敗南非、義大利和阿根廷晉級。然後在十六強遇上力爭三連霸，女足史上成績最強的美國，瑞典完全挨打，還好門將穆索維奇（Musovic）神勇屢救險球，瑞典才得以戰畢加時賽仍能保住不失。瑞典最終在互射十二碼戰以5：4擊敗美國晉級，美國不僅衛冕失敗，更是史上首次無法晉級八強（美國在世界盃歷史中，每一屆都能晉級四強），創造美國女足史盛世的拉皮諾（Megan Rapinoe）和摩根（Alex Morgan）等名將也就此謝幕。淘汰美國之後，瑞典在八強以2：1擊敗日本晉級，日本雖然沒能再進一步，陣中前鋒宮澤日向最終以5個進球奪得這一屆比賽的金靴獎。西班牙和瑞典在四強上演一場拉鋸戰，直到81分鐘才由帕拉爾盧埃洛為西班牙打破缺口，布洛奎斯特（Rebecka

Blomqvist）在88分鐘為瑞典就平，不過隊長卡爾莫納（Olga Carmona）1分鐘後再為西班牙取得領先，結果西班牙就此粉碎瑞典渴望已久的冠軍夢，首次打進決賽，跟英格蘭一樣爭取史上首次奪冠。

西班牙受醜聞纏身　冠軍金盃蒙灰

雖然是決賽，不過這次西班牙和英格蘭的較量卻是相當刺激精彩，希普射中門楔，錯失為英格蘭先開紀錄的機會。於是西班牙把握機會，在29分鐘由卡爾莫納再次建功，取得領先。西班牙領先後完全佔據局面，只是英格蘭門將厄普斯（Mary Earps）的神勇表現才不致令三雌獅多失。下半場西班牙更有十二碼球，可是艾爾莫索（Jennifer Hermoso）的射門被厄普斯擋下。不過就算如此，西班牙還是以1：0勝出，成為第二個男女足都拿過世界盃的國家，也是第五個女足世界盃冠軍國家，更是十二年來首支拿到世界盃的歐洲球隊。邦馬特拿到這次賽事的最佳球員獎，帕拉爾盧埃洛也拿到最佳年青球員獎，厄普斯則拿到聊勝於無的最佳守門員獎。

可惜西班牙奪冠後卻因為足協主席魯維亞萊斯（Luis Rubiales）在頒獎台上被拍到吻向艾爾莫索的嘴，令西班牙冠軍隊全體成員表示強烈不滿，甚至以集體退出國家隊逼使魯維亞萊斯下台。在擱筆之時事件仍陷入僵局，可是縱然事件最終可以解決，西班牙這次奪冠也已經蒙上難以磨滅的陰影和傷害。

澳洲創下世界盃最佳成績。（美聯社）

Super Stars of World Cup

★ ★ ★ ★ ★ ★ ★

巾幗不讓鬚眉

17

佛明加
Formiga

森巴女足不老傳說

文／羅伊

古時，中國有經歷了七任皇帝，被視為大唐中興名將的「七朝元老」郭子儀；如今，在世界盃史上也出現了首位的「七朝元老」，也就是外號「螞蟻」的佛明加（Formiga）。她見證了巴西女足如何升級為一流勁旅。

★行動打敗性別歧視 為國為家成就榮耀

佛明加生於1978年，剛好是女子足球在巴西合法化的前一年。即使她像其他小孩一樣熱愛足球，但成長期間仍然受盡偏見與白眼。「哥哥們經常阻止我上街，與其他男生踢球，甚至看見一次打一次。」她忘記了自己是如何熬過來的，只記得因為愛，所以愛。「他們會說我不可能成為足球員，將來要嫁人、生育，那年紀正是球員的黃金時期。」

結果，這名中場發電機不僅夢想成真，也成功為國爭光，更成為家族榮光。她在1993

右／ 2015 國際友誼賽。（美聯社）
左／ 2004 奧運對美國。（美聯社）

年展開球員生涯，1997/98 賽季加盟豪門聖保羅，2004 年首次遠赴歐洲聯賽，輾轉效力過 15 支球隊。就如之後的國際賽生涯，她完全沒想過，居然能在 39 歲之時加盟法甲豪門巴黎聖日耳曼，效力四個賽季後衣錦榮歸，去年第三次重返成名地聖保羅。

★年過不惑馳騁球場 偉大紀錄不讓鬚眉

佛明加是不折不扣的藍領工兵，從 1995 年首次代表森巴娘子軍開始，到上屆世界盃以 41 歲之齡，成為首位連續 7 屆披甲的球員，也是唯一連續出征 7 屆奧運足球的女將，還在 5 次美洲盃中為國奪下后冠。然而，美中不足的遺憾是，她沒能拿過世界盃冠軍，2004 和 2008 年奧運與金牌擦身而過，僅能收穫兩枚銀牌。不過她在 2007 年率領巴西獲得的世界盃亞軍，迄今仍是南美諸國的最佳戰績。

「之前她已退出國家隊，我盡了最大努力說

服她回來，幸好最後她答應了請求。」上屆世界盃總教練坦言，「螞蟻」不僅是精神領袖，場內依然有力發光發熱。這名45歲老將保持巴西國家隊最多上陣紀錄（男足也無人超越），並在2015年世界盃對韓國進球，以37歲96日刷新世界盃最年長破門紀錄。

三十年河東，三十年河西，佛明加的初心始終不變，見到不平時仍會公開發聲。「完全沒想過與30年前加盟聖保羅時一樣，球員只有兩件球衣，健身室被限制使用時間，訓練場是仿真草，足球總監說不退就好。不，我很憤怒，我回來是為了帶隊球隊奪得冠軍。」

沒有奇蹟，只有累積，她上賽季仍能披甲25場，狀態不遜於20多歲的後輩，「我一直告訴其他女生，我們仍要努力，在巴西女性地位還是低於男性，我們有責任去教育其他足球員，該如何尊重不同的人。」勇者無懼的她，在感情路上也求婚成功，順利與同性妻子熱蘇斯（Erica Jesus）共諧連理。

「她好像不是地球人，39歲時的訓練數據，居然大部份仍排在陣中前20%，實在很驚人。」前大巴黎隊友羅莎娜（Rosana）讚嘆道。當人們日後回憶巴西女足歷史，除了女球王瑪塔（Marta），至少還有你——「螞蟻」的佛明加！

| 球員小檔案 |

姓名：Miraildes Maciel Mota（Formiga）
出生日期：1978年3月3日
國籍：巴西
身高：162cm
位置：中場
曾效力主要球隊：聖保羅、Euroexport、Botucatu、São José、巴黎聖日耳曼

2008 奧運四強對德國。（美聯社）

克里斯蒂安妮 Cristiane

森巴女足高效射手

文／羅伊

說起巴西女足，除了瑪塔（Marta）之外，老牌前鋒克里斯蒂安妮（Cristiane）也可說是家喻戶曉的人物，迄今已經出席4次奧運會，也曾5度征戰世界盃，魄力非比尋常。

★小時了了大也了了 場均1分成績驚人

全名Cristiane Rozeira de Souza Silva的克里斯蒂安妮，生於1985年5月13日，12歲接受足球學校訓練，出道球隊是位於聖保羅的Clube Atlético Juventus，年僅15歲就已破格代表巴西U19娘子軍，在2002年征戰U19世界盃。

「克姐」與生俱來的上乘射術，令人讚嘆不已。2003年首度出征世界盃，於4場比賽中擔任替補上場，2005年踏上海外生涯，第一站是德國，並在1. FFC Turbine Potsdam首個賽季取得雙位數進球，繼而引

左／2007 世界盃八強對澳洲踢進第三球。（美聯社）
右／2007 汎美運動會對烏拉圭。（美聯社）

起女足霸主沃夫斯堡青睞，然而之後發展卻不算如意。

這位前鋒處處無家處處家，足跡遍及法國、德國、瑞典、美國、俄羅斯、中國和韓國，一直保持高效進球率，並為巴西隊披甲151場，踢進96球，場均進0.63球。最厲害的是，她彷彿吃了「返老還童丹」，2022年獲得巴甲射手王，全年場均踢進近1球，老而彌堅。聯賽生涯，她與桑托斯特別有緣，先後3次加盟，自2020年回歸後效力至今，新約直至2024年。

★世足小姐奧射手王 獲獎無數威風八面

國際賽方面，克里斯蒂安妮協助巴西拿到2007年世界盃亞軍，也是2004和2008年奧運銀牌功臣。最威風必然是2007、2008連續兩次獲得世界足球小姐季軍，同時以14球保持奧運射手王。2017年，她曾因薪水問題與多名隊友退出國際賽，後來由於時任總教練下課，加上與足總達成共識之後，才重披黃金戰衣。

回歸祖家之前，「克姐」在2019年拒絕西甲豪門巴薩女足邀請，即使對方近年橫掃歐洲足壇，依然無怨無悔。「這一定是最好的決定，那時候母親身體不適，我必須回來照顧她。」

世界盃舉行時將滿38歲的她透露，為了延續球員生涯，三年前開始聘請私人訓練團隊，除了球隊訓練，也會額外增加訓練菜單。「我已經差不多兩年沒有受傷，但我必須照顧好自己，才能在球場上與20多歲的小姑娘馳騁。」位置上，她在桑托斯也有改變，「之前較多時間司職影子前鋒和翼鋒，但現在通常會擔任箭頭角色，留在門前捕捉機會。」

克里斯蒂安妮自2019年2月公開與同性伴侶安娜（Ana）的戀情。2020年8月成婚，兒子本特（Bento）於隔年4月出生。她笑言為人母比當前鋒難得多：「他現年兩歲多，我總算可以睡個好覺，但回到家還是要陪總是停不下來的他玩。但我太太除了需要負責餵母奶之外，目前仍在修讀法律，她比我更辛苦。」

事業婚姻兩得意，「克姐」的目標自然是率領巴西首奪世界冠軍頭銜。她揚言：「我不想說得太遙遠，但國家隊在歷屆小組賽都能晉級，相信本屆也很有信心能做到。但至於能走多遠或許就言之尚早了。」別忘了，她在2019年刷新賽事最年長帽子戲法的紀錄，也獲得世界盃最佳金球獎！可惜，2023世界盃決賽圈，她並沒有入選，實屬憾事。

參加 2008 奧運。（美聯社）

| 球員小檔案 |

姓名：Cristiane Rozeira de Souza Silva（Cristiane）
出生日期：1985 年 5 月 15 日
國籍：巴西
身高：170cm
位置：前鋒
曾效力主要球隊：Juventus-SP、1. FFC Turbine Potsdam、沃夫斯堡、桑托斯

2023 世界盃，瑪塔未能帶領巴西晉級淘汰賽。（美聯社）

瑪塔 Marta

女球王君臨天下

文／羅伊

被譽為「穿裙的比利」，穿起10號球衣的瑪塔（Marta），憑出神入化的球技閃電征服足壇，初出道已經被稱為「女版小羅」，今日更成為巴西女子足球國寶。

★ 童年坎坷不礙足球夢 職業生涯終倒吃甘蔗

全名 Marta Vieira da Silva，瑪塔生於僅有1萬餘人口的小城市 Dois Riachos，家境清貧，5歲才買到第一條正式的運動短褲。她的童年也相當坎坷，無情的父親在她不到1歲時便拋妻棄女，剩下母親一人靠清潔工的收入支撐起整個家庭。當年巴西人對女子足球帶有歧視目光，這讓她在小學參加校隊時最初只能擔任門將，更曾經被兄長反鎖在家。但為了足球，她會從窗戶偷偷跑走，直奔球場。

1999 年，年僅13歲的瑪塔在 CSA 青年軍聽從一名銀行職員的意見，辦理身份證後，獨自乘坐長達20小時的大巴，前往瓦斯科達伽馬女足青年軍試訓。不幸的是，她在16歲準備簽下職業合約時，球隊因財政問題解散，導致她轉投 Santa Cruz 效力了兩個賽季。當年巴西球隊沒有為女將提供宿舍、訓練場地等配套，加上月薪只有平均 4,000 元新台幣左右，幾乎每個月仍是入不敷出。

是金子總會發亮，她在 2004 年轉投瑞典勁旅 Umeå IK，平地一聲雷，隔年就獲得女子歐冠，並且完成瑞典聯賽四連霸的偉業。然而處處無家處處家，她離開成名地後，輾轉效力洛杉磯太陽、桑托斯、特雷索、奧蘭多海盜等10支球隊，諷刺的是職業生涯效力過的10隊中已有6隊倒閉（包括2011年的桑托斯女足），消失風雨中。

★以己之力翻轉國家隊 榮歸故里與球王齊名

女球王現身之前，巴西不過只是二流部隊。2003年，17歲新星瑪塔初次亮相世界盃，同年率領巴西奪得泛美運動會金牌，更在2004年奧運奪得銀牌，也是森巴女足史上首次殺進大賽決賽。2007年世界盃，巴西分組賽全勝，女球王鋒芒畢露，3場踢進4球，更在四強爆冷以4：0淘汰奪冠熱門的美國隊。可惜終局之戰以0：2不敵經驗豐富的德國，功虧一簣。

2008年北京奧運，巴西決賽以0：1負於美國，再一次屈居亞軍，也是瑪塔最後一次與大賽冠軍擦身而過，但她已經憑個人之力成功扭轉國民對女子足球的成見。2006年，她首次榮膺世界足球小姐，回鄉時人們夾道歡迎，更有消防車出動載著她進行「勝利巡遊」，好不威風。2016年里約奧運時，地主出場當然特別受到歡迎，

2013國際賽面對智利。（美聯社）

場內更有橫幅寫著：「我們沒能見到比利如何踢球，但有幸見證瑪塔如何踢球。」

總結球場榮譽，女球王共6次獲得世界足球小姐，這紀錄至今無人能破，還有世青盃和世界盃金靴獎、3次帶領森巴女足奪得美洲盃后冠等。她的外號「穿裙的比利」，正是已故球王比利當年親自致電給她時，所説出的讚美之詞。

年屆37歲的瑪塔已經是世界盃五朝元老。今年養傷11個月後復出，目標是捲土重來，第6次挑戰世界冠軍頭銜，總教練松德哈格（Pia Sundhage）不諱言：「我們等著她回來，球隊會以她為核心。」美國主帥安多諾夫斯基（Vlatko Andonovski）也如此評價道：「她重新定義了女子足球，其創造力足以在幾秒間改變戰局。」可惜，巴西卻令人意外地，在2023世界盃小組賽就出局，未能晉級，而瑪塔也一球未進，可説是十分遺憾。

2003 世界盃八強對瑞典進球後慶祝。（美聯社）

｜球員小檔案｜

姓名：Marta Vieira da Silva（Marta）
出生日期：1986 年 2 月 19 日
國籍：巴西
身高：162cm
位置：前鋒
曾效力主要球隊：
瓦斯科、Umeå IK、
桑托斯、Rosengård

帶領日本勇奪 2011 年世界盃冠軍。（美聯社）

澤穗希
Sawa Homare
日本國寶

文／鄭先萌

2011年7月17日，在法蘭克福女子世界盃體育場，身配隊長袖標的澤穗希雙手捧起世界盃。那一瞬間，遠在地球彼端的日本人民歡聲雷動、笑淚交織；就在三個多月前，這東瀛島國才經歷了國家歷史上最慘重的震災。這21位大和撫子，讓一億兩千萬日本人獲得了心靈的救贖，而澤穗希，也成為永遠的國民偶像。

★神天賦台一姐也佩服 後天努力挑更難路走

澤穗希，絕對是日本女足史上最偉大的球員，國家隊出賽205場、攻進83球都是史上第一，更榮膺2011年世界盃金球獎、金靴獎，還是亞洲首位獲得FIFA年度最佳球員的選手。除了有形的數據與綠茵場上的卓越表現之外，澤穗希的領袖魅力、崇高人品、還有不屈不撓的鬥志、以及為日本女足奉獻一切的精神，讓他不僅是個出色的運動員，更是令人崇敬的人格者。對於一般日本球迷來說，澤穗希是偉大的英雄；而對於數以萬計的日本女足選手而言，她更是崇拜的偶像、神一般的存在。就連當代台灣女足最具代表性的選手－王湘惠，都折服於澤穗希的魅力。「他是我的偶像」、「他踢球冷靜又聰明，我當時對上他，一直想用速度和身體贏過他，但完全沒辦法」。或許同樣身為足球員、同樣身為領導者，八萬更能感受澤穗希的強大與偉大。

澤穗希自幼就擁有極高天賦，技術、踢球的力道都特別突出。他在府洛克足球少年團的後輩－後來成為日本國腳的中村憲剛，就曾形容他國小第一次看到澤穗希踢球時的震驚：「真的嚇到了，看到Sawa桑（澤小姐）踢球，你會誤以為所有女生都這麼厲害啊？」「他在男孩子中也是王牌啊！」。

升上中學時，他加入讀賣SC美人（後來的日視美人）梯隊，僅一個月就被升上一軍，中學一年級就投入JLSL（撫子聯賽的前身），並在初賽3場後就取得首顆進球，之後就被選入日本國家隊中，當時的她年紀只有15歲。有如此出類拔萃的個人條件，反而讓澤穗希更加積極挑戰自我，小時候都跟比自己年長的男生踢球。在讀賣美人度過八年後，由於當時日本女足聯賽環境極不穩定，澤穗希毅然決然從大學退學、隻身渡美加入丹佛鑽石。來到這個速度、身體衝撞都更強的足球世界，「要怎樣才能贏呢？」，澤穗希用自己的技術與頭腦從中找到生存之道，得到「敏捷澤」(quick Sawa)的外號，儼然成為日本女足挑戰世界的先驅者。

★戲劇追平率隊奪冠 身心皆做撫子榜樣

除了球技之外，澤穗希的勇氣和意志也在接下來一連串的磨練中持續成長。WUSL（美國女足聯）解散，讓他不得已斬斷異國戀情、回到日本，但等待他的卻是右膝半月板破裂的傷勢。即使這樣，澤穗希還是帶傷上陣，幫助日本拿下雅典奧運的門票，同年也奪得AFC亞洲年度最佳球員。回到撫子聯賽的數年間，他成為日本女足當然的領導者，帶領日本隊拿下東亞盃、亞運金牌。就如他的名言：「痛苦的時候，就看得我的背影吧！」，澤穗希以身作則，帶著宮

2012奧運獲得銀牌。（美聯社）

間Aya、大野忍、川澄奈穗美等仰望著他背影的好手，迎向2011年世界盃的夢之舞台。

2011年世界盃，當然就是澤穗希的顛峰之作。小組賽對墨西哥上演帽子戲法，八強對德國傳出致勝助攻，準決賽對瑞典攻進致勝球。在決賽的延長賽中，日本隊先被美國進球陷入絕境，但澤穗希的表情依舊堅定，大聲激勵隊友，而澤穗希命中註定就是日本的英雄，延長賽終了前3分鐘，他將宮間的自由球以一個極為困難的角度捅進門中追平比數。最終日本就在十二碼大戰中力克美國、捧起金盃，在這支被泰晤士報稱作「鋼鐵意志團隊」的勁旅中，澤穗希，是標誌性的存在。

世界盃奪冠後四年，澤穗希退休了，但他的聲量和影響力依舊不減。這位日本足壇的金句王，依舊以他的平實又偉大的言行來鼓勵著日本足球繼續向前。就如同他在FIFA年度最佳球員頒獎儀式上所說的：「很多孩子都心懷目標和夢想，而我證明了沒有事情是不可能的」。在澤穗希的帶領下，日本足球也還會持續朝夢想前進。

奪得2011年世界足球小姐頭銜。（美聯社）

| 球員小檔案 |

姓名：澤穗希（Sawa Homare）
出生日期：1978年9月6日
國籍：日本
身高：165cm
位置：中場
曾效力主要球隊：日視美人、Atlanta Beat、INAC神戶雌獅

宮間綾 Miyama Aya

日本女足第二人

文／鄭先萌

2023年日本撫子聯賽二級開季前，岡山湯鄉美人再度受到關注，因為日本國腳橫山久美的回歸，讓她們成為升級的熱門勁旅。台灣球迷對於這支俱樂部並不陌生，目前效力 We League 的程思瑜、張愫心以及蘇育萱都曾在此效力。而這支長年在撫子聯賽一、二級間浮沉的球隊，也曾出過一位在世界足壇閃耀的巨星—宮間綾。提到日本女足史上最偉大球員，絕對非澤穗希莫屬，而宮間則是無疑的第二人。

★實力發揮淋漓盡致 助攻澤桑首冠入袋

「宮間綾」，是華語界給她的譯名，但事實上，宮間的名字就是あや(Aya)，從來就沒有漢字。Aya是岡山湯鄉美人的創隊元老，而這是源自於她與當時的總教練—前日本國腳本田美登里的緣分。小學五年級時，Aya參與國際人才育成活動，被日本足協派至美國聖地牙哥參加友誼賽，那是她和本田教練的初次相遇。宮間自幼就

右／宮間綾獲得 2015 世界盃銅球獎。（美聯社）
左／ 2011 世界盃決賽對美國取得首球。（美聯社）

有掩不住的足球天份，14歲就進入日視美人，然而後來因交通因素離開；幕張綜合高校時期她參加了男子球隊，只是無法參加正式比賽，這也讓Aya失去早早被國家隊召集的機會。在2001年，岡山湯鄉美人成立，當時總教練本田美登里徹底激發Aya潛力，讓她帶領俱樂部升級，更獲得04年日本女足聯賽二級金靴、07年聯賽一級最佳11人、球迷票選MVP等獎項，這些紀錄證明了宮間有挑戰國際的可能性。

2009年，美國職業女足聯盟WPS成立，宮間也乘機渡海加盟洛杉磯太陽。Aya的實力在美職依舊適用，第一季就送出聯賽最多的6次助攻、也成為全隊唯一的全勤球員。而宮間的國際級能力在國家隊更是發揮得淋漓盡致，07年中國世界盃，她用直接自由球兩度攻破英格蘭大門。2011年德國世界盃更是Aya的生涯顛峰之作，首戰便以定位球助日本隊戰勝紐西蘭，準決賽對上瑞典時又獲選單場最佳球員。決賽中對決美國時，宮間再度送出1傳1射，先是攻進領先的一球，然後在延長賽落後時，傳出精準角球助攻澤穗希扳平比數。點球大戰中，她更是踢進首球，讓日本最終能拿下冠軍。

★與一姊合作無間 實至名歸第二人

宮間之所以被稱作第二人，除了實力、戰績外，她攻擊中場的位置，與全盛時期的澤穗希在日本隊中場合作無間，常常在關鍵時刻送出助攻，也能用精準定位球協助球隊，可說是澤穗希的黃金拍檔。不過，真正讓宮間被視為澤穗希的最佳副手、理所當然的傳承者的原因，來自兩人場下的互動。像是2011年的FIFA金球獎票選，宮間Aya拿下第四名，而最終拿下世界足球小姐的日本隊長澤穗希的那一票就是給了Aya。2012年，當時日本隊總教練佐佐木則夫就指定宮間接掌隊長袖標，而她也不負使命，用12年的倫敦奧運銀牌、14年亞洲盃冠軍、15年世界盃亞軍，持續帶領日本女足創造輝煌。時至已退休的今日，兩人仍不時以世界盃冠軍傳奇球星的身分，聯袂參與各項足球活動，推廣日本女足、並給予建言。

2023年初，澤穗希與宮間Aya，兩人參加東京FA盃少女迷你足球賽活動。面對著一百多人的小學生，展現了她們的幽默與默契。當有人問「11年世界盃的哪一刻是你覺得最緊張的呢？」，澤穗希想了半餉，回答説「我想是對美國隊的點球大戰吧？」，然後笑著説「雖然我沒有踢」，這時，宮間亂入吐槽「對呀，你沒踢」，兩人一搭一唱；這就是日本女足第二人，宮間Aya。

｜球員小檔案｜

姓名：宮間あや（Miyama Aya）
出生日期：1985年1月28日
國籍：日本
身高：157cm
位置：中場
曾效力主要球隊：日視美人、岡山湯 Belle

2011 阿爾加維盃對美國進球。（美聯社）

川澄奈穗美 Kawasumi Nahomi

堅持足球的女足人氣甜心

文／鄭先萌

日本社會給人的一般印象就是保守、父權社會，而即使日本女足在2011年世界盃奪冠，相較起另一女足強權美國，男女足球員待遇依舊懸殊。就在2023年初，朝日新聞出現一則報導，旅美多年的日本女足球員川澄奈穗美為日本女足發聲，「2011世界盃決賽的對手，我現在的隊友Ali Krieger，他已經不是國腳了，還是為了下個世代大聲發言」「這些多次贏得世界盃、但還是沒辦法得到跟男足球員一樣待遇的選手，為了後輩和女性挺身而戰，讓我印象深刻」。你很難想像，這席話出自於外型可人、在日本擁有高人氣的川澄奈穗美。

★以偶像澤桑為目標 終與大前輩共捧金盃

外號「奈穗」、「小美」的川澄，自小的偶像就是日本女足第一人澤穗希；小六時和另一位日本國腳上尾野邊惠一起拿到清水盃全國冠軍時，當時兩人和澤穗希的合照，成為珍貴回

右／2011世界盃四強對瑞典取得進球。（美聯社）
左／2012倫敦奧運對加拿大進球後慶祝。（美聯社）

憶。但川澄奈穗美並沒有像澤穗希一般自幼就備受矚目，由於參加日視美人梯隊選拔時落選，因此他選擇繼續升學，直至1998年時以中學生身分加入新成立的「大和風精靈」（大和シルフィード）。小美在學生足球這條路日漸發光，高三拿到女子五人制全國冠軍，日本體育大學時代也兩度奪得日本全國大學女足錦標賽優勝，逐漸嶄露頭角。2004年，仍就讀大學時，川澄在國立競技場觀眾席上，看著澤穗希在雅典奧運資格賽中，帶傷與北韓隊奮戰，他當下立下宏願，「要和澤小姐一起在綠茵場、站上世界之巔」。

2008年，川澄奈穗美迎來了轉機、加入INAC神戶雌獅，生涯自此快速竄升；首季他雖多替補登場，但得到不少機會，甚至入選撫子聯賽明星賽、還為西軍取得進球。2009年，川澄持續突飛猛進，在聯賽攻進10球，翌年，他生涯首度入選年度最佳11人，2011年，小美再接再厲，勇奪進球王、最佳11人、年度MVP，成為撫子聯賽最耀眼明星。而在聯賽的好表現也讓川澄奈穗美入選國家隊，2008年，他代表日本出征亞洲盃，生涯首戰就是對上台灣。但直到2011年，小美的撫子生涯才真正爆發，當年3月對芬蘭才攻進國際賽首球的他，在世界盃大放異彩。小組賽從板凳出發的川澄，在準決賽面對瑞典時取代王牌前鋒永里優季先發；他先是在上半場攻進追平球，第64分鐘，川澄將對方門將出擊的解危球凌空射進30碼外的大門中，這驚天一射讓日本以3：1挺進冠軍戰，最終也擊敗美國奪冠，川澄奈穗美終於一償宿願－和澤穗希一起站在世界之巔。

★外型亮麗媒體寵兒 用自人氣回饋社會

世界盃的表現讓川澄奈穗美一夕爆紅，他被外媒形容為「灰姑娘」，而亮麗的外型也讓他被日本媒體稱作「時尚大姐頭」。「記得他是踢左翼，他真的很厲害、但也真的很可愛」「所以後來亞運在選手村遇到他還找他合照」，就連台灣國腳林雅涵也為小美的魅力所征服。但其實川澄奈穗美並不喜歡媒體叫他「時尚大姐頭」，他覺得自己並不時尚，只希望媒體叫他川澄就好，就像稱呼他最尊敬的澤穗希一樣。快速成名並沒有沖昏川澄奈穗美的腦袋，他依舊堅持在足球路上前行；不僅幫日本兩度拿下亞洲盃冠軍，2014年起，川澄也長年挑戰更高強度的NWSL（美國國家女子足球聯賽）。另一方面，川澄奈穗美也把鎂光燈對他的高度關注，運用在女足推廣與社會關懷上，就在2023年，他成為日本兒童養護設施財團的親善大使，此外也為日本男女足的平權發聲。把美麗外型與堅強實力帶來的高人氣當作武器、溫柔地向前披荊斬棘，這就是日本女足的人氣甜心－川澄奈穗美。

2015 世界盃的川澄奈穗美。（美聯社）

｜ 球員小檔案 ｜

姓名：川澄奈穗美（KAWASUMI Nahomi）
出生日期：1985 年 9 月 23 日
國籍：日本
身高：157cm
位置：前鋒、中場
曾效力主要球隊：INAC 神戶雌獅、OL Reign、NJ/NY Gotham FC、アルビレックス新潟レディース

辛克萊爾 Christine Sinclair

來自北國的歷史進球王

文／喬齊安

雖然足球在氣候寒冷的加拿大是國內第二受歡迎的運動，但他們的男子國家隊過去的成績一向並不突出，隊史包含2022年在內只有兩次挺進世界盃決賽圈，也沒有打進淘汰賽過。但女足已經為國家帶來不少榮耀，包含2020東京奧運的珍貴金牌。她們的隊史最佳球員，最頂級的射手—辛克萊爾（Christine Sinclair）在2022年獲得FIFA頒發最佳特別獎，讚揚她累計攻入190顆進球的歷史進球王紀錄，前一位唯一能領到這個獎項的球星正是歷史進球王C羅。

★4歲之齡初登球場 為國創下最佳紀錄

出生在運動員家庭的辛克萊爾也是天生的運動好手，曾經棒籃足三棲，甚至在4歲時就在U-7層級的足球隊出賽。2000年她以加拿大史上最年輕之齡的16歲進入成年國家隊，並在第二場比賽中就對強敵挪威斬獲了第一顆進

右／2023世界盃仍奮勇作戰。（美聯社）
左／協助加拿大奪得2020東京奧運女足金牌。（美聯社）

球。隔年辛克萊爾選擇進入波特蘭大學就讀，在NCAA女足聯盟技驚四座，以全票當選為年度最佳新人。大二時更進一步以26顆進球拿下進球王，在女足水準高居世界第一的美國成為風雲人物，可見其能力之突出。

在美國的成績，讓美國國家隊對辛克萊爾遞出了橄欖枝，但辛克萊爾還是選擇為母國效力，出征2003年世界盃。在她三顆進球的協助下，加拿大以第四名坐收，創下世界盃至今為止的最好成績，八強賽戰勝中國隊、四強賽惜敗瑞典，是她們隊史在淘汰賽階段取得過的最重大勝利，在那之後的2007-2019世界盃加拿大最多都在淘汰賽第一戰就止步。但頭號王牌辛克萊爾仍締造一項偉大紀錄─繼巴西傳奇瑪塔（Marta）後，連續五屆世界盃比賽都能夠取得進球的壯舉。

★奧運敗美甜蜜復仇 十二碼勝出勇奪金牌

叱吒沙場的辛克萊爾是一位天才全能型前鋒，兼具球商、速度與身體素質。她不僅是一個穩定的門前終結者，也能在中前場擔任組織者，時常透過閱讀比賽的能力為隊友創造機會，同時擁有一腳開定位球的好技術。更重要的是媒體評價她是位「Big Game Player」，時常能在最重要的比賽中進球，讓人留下深刻印象。

雖然世界盃留下遺憾，但加拿大女足在奧運的戰場闖出一片天。2012年倫敦奧運與美國的四強戰上，擔任隊長的辛克萊爾大發神威上演帽子戲法，但球隊最終在延長賽3：4落敗，辛克萊爾因賽後訪談直指出裁判不公遭到禁賽與罰款，但她以6個進球打破奧運女足單人進球紀錄，拿下金靴獎並帶領球隊摘下銅牌，精采的表現讓她獲選為閉幕式的國家代表團掌旗手。

2016年里約奧運，辛克萊爾的進球替加拿大艱辛地擊敗地主巴西，再度奪下一面奧運銅牌。2020年，高齡37歲的辛克萊爾於生涯尾聲再一次向大賽發起挑戰，她們在四強賽再度遭遇8年前不忿敗北的美國，並取得了勝利，辛克萊爾說這是暢快的復仇。決賽與大賽五戰全勝的瑞典激戰，居於劣勢的加拿全力守住平局，依靠辛克萊爾在禁區為球隊取得寶貴的十二碼進球，艱辛拿下奧運女足史上第一次的PK決賽，為國家隊留下了最傳奇的一筆紀錄。

2015 世界盃對中國進球。（美聯社）

球員小檔案

姓名：Christine Margaret Sinclair（Christine Sinclair）
出生日期：1983 年 6 月 12 日
國籍：加拿大
身高：175cm
位置：前鋒
曾效力主要球隊 Vancouver Whitecaps FC, Western New York Flash, Portland Thorns FC

妮絲比 Louisa Necib

法國「藍軍」標誌性人物

文／傑拉德

外號「藍軍」（Les Bleues）的法國女足，千禧年之前不過是三流球隊，2003 年才首次躋身世界盃入場券，這當中入選前世界女足「十大美人」的妮絲比（Louisa Necib），在在是革命性的代表人物。

★女版席丹打法優雅 效力里昂稱霸法甲

妮絲比於 1987 年出生，來自馬賽，先後效力兩支不同地區青少年球隊，隨後進入了法國國家訓練中心，年僅16歲便擢升一線球隊。因她有阿爾及利亞裔背景，司職攻擊中場，加上性格內斂，也是來自馬賽，難怪出道時已被封為「女版席丹」（Female Zidane）。

受到運動員雙親 DNA 優良遺傳，妮絲比自小就展現出足球天賦，技術彷彿渾然天成，打法優雅，但明顯短版是防守意識薄弱，直至 2007/08 賽季，由蒙彼利埃（Montpellier）轉投國內班霸里昂後，才慢慢進化成獨當一面的中場巨星。

右／2015 年的國際友誼賽。（美聯社）
左／效力里昂多年，奪冠無數。（美聯社）

妮絲比在效力里昂9個賽季，壟斷9次法甲，還拿到6次法國盃，並分別在2011、2012和2016年摘下歐冠聯錦標，揚威歐洲。然而，她在個人榮譽方面運氣一般，只曾在2009年當選法國足球小姐，以及在世界足球小姐中排名第四位。

★率藍軍創史上最佳績 錯過后冠退休歸平淡

說回國際賽層面，妮絲比於2005年首次代表國家隊，但不算多產，直到2007年4月才首次取得進球。2011年首度出戰世界盃，那年世界盃小組賽首場，「藍軍」小勝奈及利亞1：0，她交出全場唯一進球的助攻，也當選為比賽最佳球員。

當屆黑馬法國在八強面對英格蘭，互射十二碼驚濤駭浪晉級四強，創下史上最佳戰績。翌年倫敦奧運會，她率領國家隊打進四強，即使最後與獎牌有緣無份，同樣是法國女足在奧運足球至今的最大成就。總結國際賽生涯，她披甲145場，踢進36

2011 世界盃領軍面對瑞典。（美聯社）

球員小檔案

姓名：Louisa Nécib Cadamuro（Louisa Necib）
出生日期：1987 年 1 月 23 日
國籍：法國
身高：168cm
位置：中場
曾效力主要球隊：CNFE Clairefontaine、蒙彼利埃、里昂

球，美中不足的是，沒能拿到重要大賽后冠。

然而，「女版席丹」名不虛傳，妮絲比不時能用頭槌進球，也能使出「馬賽迴旋」上演精采過人，但在女子足壇算不上多產中場，最多進球單季紀錄是 2007/08 和 2010/11 賽季，成績同為17球。「席丹一直是我的模範，也是我最喜歡看的球員。」她自爆年輕時已獲偶像贈予的簽名球衣。

「妮絲比能人所不能，經常會有出奇不意的表現，即使你能控制一名球員，也做不到她的動作。」前法國總教練 Bruno Bini 說。2016 年，法國隊在奧運會八強出局，妮絲比急流勇退，當時才29歲。同年，她嫁給阿爾及利亞裔球員後，生活回歸平淡，徹底離開百花十色的鎂光燈。

「小時候，我一直與鄰居男生踢球，從來沒想過當足球員，因為根本不知道女足有職業球隊，直至有日發現馬賽有球隊培育女生，便馬上加入了。」原來她曾接受體操訓練，想過成為體操運動員，幸好命運之神及時「阻止」，否則女子足壇就會少了一位天才中場。

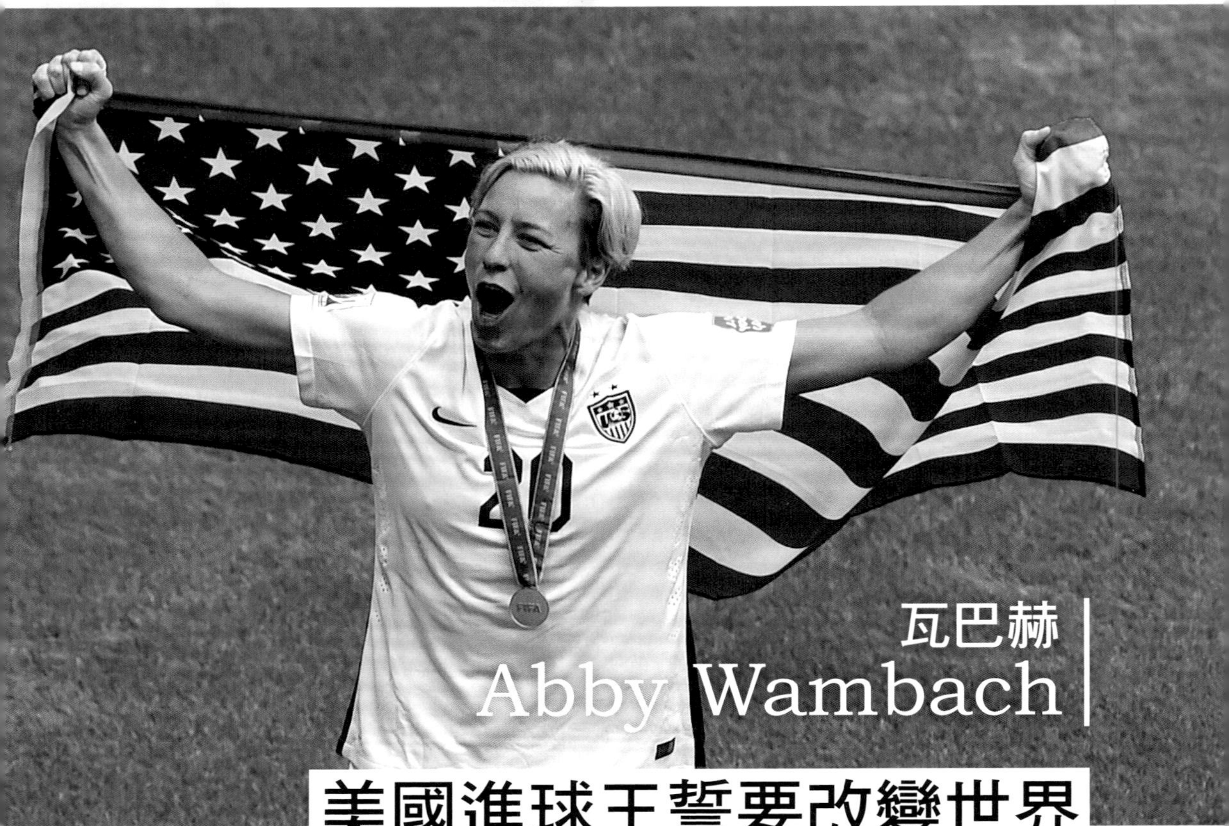

瓦巴赫 Abby Wambach

美國進球王誓要改變世界

文／傑拉德

「假如可以坐時光機回到過去，我最想跟年輕的自己說句話—別做小紅帽，要做那頭狼。」前世界足球小姐瓦巴赫（Abby Wambach），球員時代拿過奧運會和世界盃冠軍，並保持美國國家隊進球紀錄（包括男子隊），被視為千禧年後美國女足長盛不衰的核心人物，退役後更有宏大的目標，就是改變世界。

★進球機器無人能敵 從小囊括各項大獎

生於紐約的瓦巴赫來自大家庭，前面有兩名姐姐和4名哥哥，早在4歲就初次接觸足球運動，5歲起參加比賽，而足球也逐漸成為家庭活動，從中學習團體精神。小時候，進球對她來說，已經是輕而易舉的事情，像喝水、呼吸一樣自然。她曾因在兒童賽事上陣3場踢進27球，被教練由女子組調到男子組賽事。

高中階段，這名前鋒的總進球達到134球，

左／2003 世界盃取得進球。（美聯社）
右／奪得 2015 世界盃後慶祝。（美聯社）

因技術太過出眾，後來被教練要求苦練「必殺技」插水式頭槌，長大後亦成為重要得分武器。她在1980年出生，由兒童、青少年到大學階段，一直橫掃全美足壇主要獎項，並在2001年首次代表國家隊，翌年4月取得處子球，展開進球王的崢嶸歲月。

瓦巴赫的進攻能力千變萬化，敵人防不勝防，合共參加過4次世界盃，2015年領軍封后，並帶領美國隊獲得2004和2012年奧運金牌。她在2012年榮膺世界足球小姐，攀上事業高峰，總共6次當選美國最佳女子足球員，並在255場國際賽轟入185球，成為國家史上進球之王，成就卓越，今日已經躋身美國足球名人堂。

★拍電影如半個明星 演講推動女性覺醒

「如果我是男生，可能已經是億萬富翁，但直至30歲，我才有第一筆商業收入。」有人說現役美國女足成員如拉皮諾（Megan Rapinoe）、摩根（Alex Morgan）等像半個明星，但其實瓦巴赫才是先河。她在退役前經常拍 HBO 電影，於電視節目亮相，退役後則以「改變世界」為己任，藉巡迴演講的方式喚醒女性自強不息。「我的目標不僅是要女性參與足球，而是推動她們成為真正領袖。」

人類是複雜的動物，她曾在 2016 年因酒駕被捕，事後亦感悔不當初。「球員時代，我是滴酒不沾，別說是比賽，訓練前後也不會喝酒，但退役的衝擊很大，自從那次被捕後，對我來說是醍醐灌頂。」她坦言不希望人們只知道自己是足球員，現在的她有經營不同生意，也出過書，亦是洛杉磯女隊的創辦人之一，「足球員是人生的一部份，但我不希望那是永遠。」

這名敢作敢為的鐵娘子曾為《ESPN》雜誌拍攝全裸照片，2013 年與同性伴侶結婚時更轟動一時。「我沒有出櫃，因為我從來沒有掩飾過自己的性取向。」可惜這段婚姻於 2016 年 9 月走到盡頭。後來她於 2017 年 2 月與作家道爾（Glennon Doyle）訂婚，同年 5 月舉行婚禮。「我倆是一見鍾情，同樣經歷過一次婚姻失敗，同樣認為現代婚姻，不應該賦予『妻子』一個特定角色。」道爾透露時至今日，兩人依然愛得甜蜜。

｜球員小檔案｜

姓名：Mary Abigail Wambach（Abby Wambach）

出生日期：1980 年 6 月 2 日

國籍：美國

身高：180cm

位置：前鋒

曾效力主要球隊：Washington Freedom、Ajax America Women、Western New York Flash

2007世界盃八強對英格蘭取得進球。（美聯社）

阿科斯 Michelle Akers

美國女足殿堂傳奇

文／傑拉德

除非讀者年齡超過40歲或以上，或者早在90年初已經留意女子足球，否則未必會對已躋身美國足球名人堂的阿科斯（Michelle Akers）有甚麼印象。但她在美國女足的地位，足可媲美已退役的哈姆（Mia Hamm）、瓦巴赫（Abby Wambach）等傳奇人物。

★因為快樂所以踢球 麗人戰群雄無所懼

生於1966年的阿科斯來自陽光與海灘的加州，但在西雅圖成長，8歲首次接觸足球運動，自高中開始全情投入，司職中場或前鋒，曾因為在一場青少年比賽落敗哭成淚人兒。

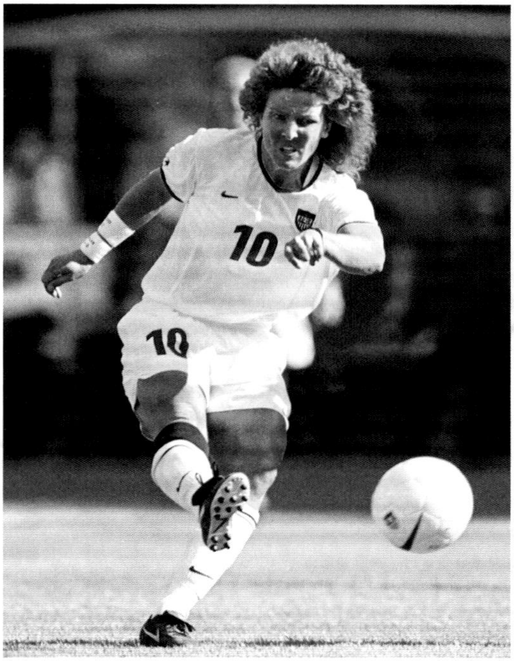

右／2000 對德國的友誼賽上陣。（美聯社）
左／參與 1999 世界盃決賽。（美聯社）

父親當時問：「你在足球找到快樂了嗎？」她答道：「找到了。」因為快樂，她決定在足球路繼續走下去，高中時期已經3次入圍全美最佳陣容。

阿科斯升上中央佛羅里達大學（University of Central Florida）後，繼續在當時的「足球沙漠」尋找綠洲，不僅成為校史頭號射手，也是1988/89賽季該大學的最佳運動員，更當選1988年全美最佳大學生球員，成為大學首位獲得球衣(10號)退役的女將。「小學階段，我沒有女子隊可以參加，到初中時加入女子隊的初期，我被要求擔任守門員，因為只有我不怕射門，其他女生都會躲開。」她說。

「升上大學之後，晚上我會跟男子隊訓練，最初吃盡苦頭，適應下來之後，我可以盤球過他們每個人。」她見證了無數美國女足的歷史性時刻，包括1985年8月18日首場正式國際賽，當時國家隊以0：1不敵義大利。但在短短3日後，她對丹麥時踢進國家女足歷史上的第一球，最終雙方打成2：2平手。

★星條輝煌開創元老 退休投身動物權益

「看看世界其他女子球星，你很難在她身上找到弱點。」時任美國總教練多倫斯（Anson Dorrance）說。在1985至1990年間，阿科斯為美國出賽24次，踢進15球，並在1991年內的26場比賽中攻進39球，刷新球隊紀錄。1991年首屆女子世界盃，她以10球榮膺賽事射手，其中一場上演「五福臨門」，更在決賽對挪威包辦兩球，協助美國女兵以2：1險勝，奪冠而回。

1991年世界盃決賽圈之前，美國女子國家隊沒有訓練場，只能穿男子隊的二手球衣，埋下後來勞資糾紛的伏筆。1996年亞特蘭大奧運會之前，美國隊發起罷工，當時已經歷過多次嚴重受傷的阿科斯表示：「我們不是要求百萬美元，只是能夠養活自己，付房租、保姆費等，這樣難道算是獅子大開口嗎？」

勞資糾紛平息後，阿科斯隨美國隊出征奧運會，勇奪金牌，兩年後獲國際足聯頒發榮譽獎（FIFA Order of Merit）。1999年，她再一次帶領美國隊，成為世界盃冠軍，翌年雪梨奧運會後宣佈掛靴。總結國際賽生涯，她上陣155場，踢進105球，貢獻37個助攻，同年和中國女球王孫雯被選為「二十世紀足球小姐」。

聯賽生涯方面，阿科斯大學之後曾遠赴瑞典，參加職業賽事，3個賽季效力Tyresco，成為美國史上首位參加職業賽的女子球員，更在1991年破天荒成為首位獲得球鞋贊助的女子球員。可惜，她雖然有份成為美國女子球員總會一員，但一生無緣參加美國女子職業聯賽，只曾在退役後兩年亮相過表演賽。

這名古早級巨星退役後無意成為教練，但依然致力推動女足發展，也出過幾本書，除了關於運動的題材之外，也有一本是關於她如何克服「慢性疲勞綜合症」。她結過兩次婚，目前與第二任丈夫定居佛羅里達，旨在拯救被虐待的馬匹，以及為動物權益謀福祉。

參與 1999 國際友誼賽。（美聯社）

球員小檔案

姓名：Michelle Anne Akers（Michelle Akers）
出生日期：1966 年 2 月 1 日
國籍：美國
身高：178cm
位置：前鋒、中場
曾效力主要球隊：Tyresö FF、Orlando Lions Women

哈姆 Mia Hamm

婦女運動的象徵 更是女足史上最全能的「美國小姐」

文／喬齊安

如果要舉出一位戰功彪炳且形象完美的美國足球女孩，1972年生的哈姆（Mia Hamm）是不二人選。在場上主踢前鋒的她，成就不僅僅是效力美國國家女子足球隊的17年間為國攻進158球、獲頒2001-2002年的世界足球小姐而已，更重要的是她身為婦女體育運動的象徵，為無數心懷運動員夢想的女孩帶來的勇氣與希望。

★克服腳疾馳騁球場 名聲堪比籃球飛人

童年的哈姆在5歲時克服了腳部先天畸形的問題，在德州一支足球隊中展現過人天賦。15歲又140天，她當上美國隊歷史上最年輕的出場球員，開啟璀璨的國腳生涯。從1991年的第一屆女足世界盃中為國出征，與隊友一塊捧起冠軍獎盃開始，她接連以主力身分帶領國家隊勇奪兩次世界盃冠軍與兩次奧運金牌，在1996年亞特蘭大奧運決賽中負傷送出關鍵助攻，賽後已然傷重到無法站起的熱血畫面尤其

右／2000 雪梨奧運對丹麥。（美聯社）
左／2000 雪梨奧運對巴西進球後慶祝。（美聯社）

令人印象深刻。她的運動能力強，且在場上充滿活力，以優雅的門前控球技術著稱，是一位能夠保有進球效率並同時助攻隊友的團隊型球員。

包含亞特蘭大奧運與 1999 年美國女足世界盃，哈姆多次在家鄉父老面前做出巨大貢獻，激勵了許多孩子投入足球運動。媒體對於 1999 年的大篇幅報導，讓該年度世界盃取得前所未有的關注度，提升了女足運動在全世界的高度。NIKE 將公司總部的其中一棟大樓以她的名字命名，而哈姆獲邀與籃球天王麥可．喬丹（Michael Jordan）拍攝相互較量的廣告片更說明了她在美國人心中的地位，以及傳遞出「女性可以和男人公平競爭」的訊息。

★ 退休仍獻身足球 身影成女足聯盟 LOGO

2004 年的雅典奧運上，哈姆率領美國隊接連擊敗德國隊與巴西隊後奪冠，並在奧運閉幕式上做為美國代表團的旗手入場，為她傳奇的生涯劃下完美句點，並毫無疑問地入選了國家足球名人堂。可以說美國國家女子足球隊的強盛，與哈姆的偉大是劃上等號的。哈姆在採訪中說，軍人家庭時常需要搬家，讓以前的她不容易交到朋友，但藉由一起運動、玩球的方式，為她帶來信心與新的朋友。女孩與男孩不同，不會被家長自然地鼓勵去運動，所以推動女孩運動是她一直想要做的事。

秉持這樣的理念身體力行，哈姆在退役後仍然積極參加女足運動，包括擔任教練與電視球評，並成立了一個以自己名字為名的基金會，投注於骨髓疾病研究，並贊助女性運動員從事運動。她與第二任丈夫——波士頓紅襪隊球星諾馬．賈西亞帕拉（Nomar Garciaparra）所組成的家庭幸福美滿。2019 年的法國女足世界盃開踢前，媒體評選出世界盃史上最優秀的五位球員，哈姆光榮入選，能夠勝任前場每一個位置的她被譽為有史以來最全能的女足選手。而 2009 年成立的美國最高級別女子足球聯賽：美國女子足球大聯盟的圖騰，便選用了哈姆本人的輪廓來做設計，向這位「美國小姐」送出致敬。

｜ 球員小檔案 ｜

姓名：Mariel Margaret Hamm（Mia Hamm）
出生日期：1972 年 3 月 17 日
國籍：美國
身高：178cm
位置：前鋒、中場
曾效力主要球隊：Washington Freedom

2000美洲金盃決賽對巴西進球。（美聯社）

詹寧斯
Carin Jennings
女足世界的初代女王

文／Aima

據紀錄，女子足球於1990年代開始推廣，而隔年第一屆女子世界盃就在中國舉行，取得頭香獲得首屆冠軍的國家是美國，金球獎得主則是美國的翼鋒詹寧斯（Carin Jennings）。早在1980年，當外界以為美國是足球沙漠，彷彿在這個體育大國遍尋不著幾位懂得足球的人之時，詹寧斯就已經是美國大學足球界的名將。

★女足經典三劍客 帽子戲法超驚艷

詹寧斯在NCAA大學聯賽以34個進球打破一屆賽事最多進球、每場平均進球等多項紀錄，而這樣一位人物在畢業後自然會往讓自己可以發光發熱的領域繼續發展，所以她選擇前往南加州的阿賈克斯隊踢球。

1987年，詹寧斯成為美國女足國腳，與阿科斯（Michelle Akers）和海恩里希斯（April Heinrichs）並稱女足界「三劍客」，這三位實力雄厚的名將，讓美國在女足界所向無敵。在1991年的世界盃決賽圈，詹寧斯的表現相當優異，她在首場分組賽即梅開二度，協助美國擊敗強敵瑞典，之後在大勝巴西的分組賽取得1個進球，後又在八強賽以正選上場，擊敗台灣隊。

後來到了四強戰面對德國，詹寧斯毫不客氣一個人獨取3進球，成為此戰大勝晉級的關鍵人物。最終美國在決賽擊敗挪威奪冠，雖然她最後與金靴獎失之交臂，但賽會評選出來的最佳球員除了詹寧斯之外，別無他選。

★世界盃奧運皆奪金 入美足名人堂肯定

4年後詹寧斯以主力球員的身分，繼續代表美國出戰第二屆女子世界盃決賽圈，但這回相當可惜的是在四強賽美國不敵挪威，最後季軍賽又被中國擊敗。在此之後，詹寧斯在國家隊便退居二線。

1996年的奧運會，3場分組賽詹寧斯都僅能以替補身分參戰，在四強賽更是沒有機會上場。直到與中國對決的決賽中，才在89分鐘時象徵性以替補身分上場，最終美國取得金牌。雖說詹寧斯在首屆奧運會貢獻不算多，但卻也完成了她人生一個里程碑，也達成了女足界大滿貫的紀錄。

2000年，詹寧斯獲選得以進入美國足球名人堂，三年後又獲選為美國奧運名人堂成員之一，此兩殊榮對於詹寧斯來說，用實至名歸來形容是再好不過了，因為她就是女足界的經典人物之一，此點相信無人可以反駁。

｜球員小檔案｜

姓名：Carin Leslie Jennings-Gabarra（Carin Jennings）
出生日期：1965年1月9日
國籍：美國
身高：173cm
位置：前鋒
曾效力主要球隊：Southern California Ajax

蘇露 Hope Solo

美麗與守門實力兼備

文／Aima

蘇露（Hope Solo）是個很特別的女足球員。在美國這個盛產優秀守門員的國家，蘇露身為美麗與實力兼具的代表，肯定有她不凡之處，因為她不僅有能成為女足史上最佳門將之一的出色把關技術，她直來直往的辛辣言論也時常成為媒體的焦點。

★高中是高效前鋒 大學轉型守門員

蘇露與眾不同的獨特個性與過人的球技，應當都來自她那位行事作風相當另類的父親所教導。而此事最特殊之處在於，她的父母很早便離婚，她跟著母親生活，但她身為退伍軍人的父親卻是引導她踢球的那一位。

據說在蘇露7歲時，有人通報她父親誘拐她，她父親也因此被捕。但根據蘇露後來的說法，她其實跟父親關係還不錯。而她在求學時代也一直都有參與足球運動，於高中時更幫助校隊獲得華盛頓州冠軍，但有趣的是那時她是前鋒，在那三年之間她總共射進了109球。

右／奪得 2015 世界盃冠軍及金手套獎。（美聯社）
左／參加 2016 奧運。（美聯社）

大學時代的蘇露，突然被校隊教練安排改當守門員。她承認自己當時真的花了不少時間，才適應這突如其來的改變。但可能因為她本來就是個出色的射手，所以比起一般一開始就任守門員的球員來說，她似乎能夠更準確判斷對方進攻球員的走位與進攻方式，也可以指揮隊友做好防守的工作。

所以，實力如此出眾的蘇露很快就獲得代表美國出賽的機會。2004 年奧運會她憑藉出色表現入選了國家隊，但由於當時僅是替補門將，所以就算美國奪冠，也與她毫無干係。

★口無遮攔遭趕出球隊 回歸後創百完封紀錄

一年後，蘇露成為了國家隊的首選門將，並在 2007 年世界盃決賽圈前 4 場賽事只漏失 2 球，幫助球隊打進四強賽。

然而就在這時，總教練萊恩（Greg Ryan）卻認為老門將斯庫里（Briana Scurry）比較適合出戰四強賽。最終美國大敗，這件事令蘇露相當不滿，說話向來直來直往的她直接挑明，說總教練不應該只關注過往輝煌。結果蘇露此舉讓總教練與球員都對她相當感冒，在球員支持下，總教練萊恩將她趕出隊伍，且往後一年都未再徵召過她。

之後蘇露再回美國隊，是在萊恩離職後。而重回國家隊的蘇露在 2008 年奧運就以主將的身分出戰，並協助美國獲得金牌，且之後 2011 年的世界盃決賽圈，她又以出色的把關技術協助美國打進決賽，雖然此戰美國不敵日本，但她堅強的實力仍為她取得金手套獎與銅球獎的雙料肯定。一年後，雖然在賽前傳出禁藥風波，但此事最終還是解決了，蘇露在此次奧運會正賽三次完封對手，且於決賽末段擋下對手的射門，幫助美國以 2：1 的分數擊敗日本，此回美國不僅復仇成功，還延續了奪得奧運金牌的紀錄。

2015 年，年齡已屆 34 歲的蘇露實力依然不減，除了幫助美國奪得第三次冠軍外，她自己也再度拿到金手套獎，而且還創下 540 分鐘的世界盃決賽圈第二長連續無失球紀錄。隔年蘇露在與南非的友誼賽中完成了第 100 場國際賽不失球的偉大紀錄，她也是女足史上首位完成百場完封的守門員。

★行為惹爭議招禁賽 被迫退休結束輝煌

不過蘇露可說是位輝煌與爭議並存的球員，在光榮加身的時刻，批評也隨之而來。首先是在奧運舉行前，當年茲卡病毒在巴西肆虐，蘇露卻在社交網站上放了大量防疫物品的照片，讓巴西人對此相當不滿，所以在奧運期間只要她一碰球便會遭到地主國球迷的噓聲伺候。

另外在對上哥倫比亞的比賽，她也出現失誤令球隊失分；在八強賽時，她也因為換手套花了數分鐘而被批評有違體育精神，最終美國不敵瑞典出局。而她又在賽後公開批判對方使用極端的保守打法，是一種懦弱的表現。雖然瑞典方後來表示原諒，但蘇露卻因此再次收到美國足協的停賽令，而這也成了她國際賽生涯劃下句點的時刻。

更糟的是，同時間她所屬的球會也發文宣告讓她無限期停賽，從此她便退出球場，結束了她精彩又輝煌的球員生涯。

2011 世界盃的精彩撲救。（美聯社）

｜球員小檔案｜

姓名：Hope Amelia Stevens（Hope Solo）
出生日期：1981 年 7 月 30 日
國籍：美國
身高：175cm
位置：門將
曾效力主要球隊：
Philadelphia Charge、里昂、Seattle Reign

孫雯 Sun Wen

鏗鏘玫瑰中的佼佼者

文／Aima

或許中國女足在目前已算比較勢微，不過想當年，中國女足也是有過一段璀璨奪目的時期，甚至厲害到在1996年的首屆奧運女足項目奪得銀牌，被外界封為「鏗鏘玫瑰」，而孫雯就是當年的指標性人物。

★矮小不礙精湛技術 開創玫瑰最盛時期

時間先拉到1989年，孫雯在上海出道，那時候的她就已經是中國女足界中，相當被看好的新人，雖然她身高僅有162公分，不過這完全不影響她的實力，她以精湛的技術在球場上馳騁，是個令對手相當頭痛的人物。

1991年孫雯代表中國出戰首屆女子世界盃決賽圈，於第2場分組賽取得進球，幫助自家球隊與丹麥打成平手。而四年後後的決賽圈，她又射進2球幫助自家球隊晉級，最後中國獲得殿軍。

一年之後，孫雯與隊友的戰場轉移到奧運，她

右／2000 雪梨奧運對奈及利亞取得進球。(美聯社)
左／2003 世界盃面對迦納。(美聯社)

在奧運女足項目決賽射進1球，為中國追平比分，可惜最後中國仍不敵美國，僅獲得銀牌，但這個成績至今仍是中國女足的最高榮譽。

孫雯的生涯巔峰是在第三屆女子世界盃，她在對迦納的賽事大演帽子戲法，且在對上澳洲的分組賽又梅開兩度，幫助中國在此二賽事取得勝利。後來的四強賽她又進兩球，中國因此以5：0大勝上屆冠軍挪威，達成了首次晉級世界盃決賽的成就。在決賽圈，中國與美國再度相遇，雙方在踢完120分鐘後皆無得分，最後中國在互射十二碼的情況下以4：5再度敗給美國，又只拿到亞軍，不過孫雯的出色表現為她取得金靴獎及金球獎的榮耀。

★紅色榮光雖已不在 中足地位無人能及

西元2000年，孫雯再次代表國家參加奧運，可惜的是鏗鏘玫瑰狀態日益不濟，在分組賽便已出局，然而單看孫雯個人表現還是頗為出色，在當年被國際足聯選為世界足球小姐。

隔年孫雯受美國女子職業聯賽球隊「亞特蘭大衝擊」邀請加盟。雖然在常規賽她只進了1球，不過後續在季後賽、四強戰與決賽都有斬獲。但不幸的是在互射十二碼階段失球，亞特蘭大因此與總冠軍失之交臂。

2003年孫雯回國備戰世界盃決賽圈，於分組賽時雖射進1球幫助球隊取得勝利，但中國此次仍是在八強賽就出局。此次賽後孫雯宣布退役，雖然2005年12月獲邀復出參加了中國女足的訓練與比賽，但此時的孫雯已年紀漸長，所以隔年8月她再度退役。她於球場上馳騁的16年間，總共為中國隊上場159次，射進106球，乃中國女足史上進球最多的球員，真的獨一無二。

退役後的孫雯據知曾擔任報社記者，並至復旦大學進修，後又在上海足協擔任副祕書長，2019年更成為中國足協副主席，崇高地位至今無人能及。

｜球員小檔案｜

姓名：孫雯（Sun Wen）
出生日期：1973年4月6日
國籍：中國
身高：162cm
位置：前鋒
曾效力主要球隊：上海女足、Atlanta Beat、上海SVA女足

孫雯奪得 1999 世界盃金球獎。（美聯社）

出席 2019 世界盃決賽圈。（美聯社）

懷特
Ellen White

英格蘭傳奇「白」殺手

文／羅伊

英格蘭男足隊長、當家射手肯恩（Harry Kane）過去10年叱吒球壇，女足界也不遑多讓，隨著近年女子超級聯賽逐漸商業化而變得普及，女足球星名字已不再陌生，當中傳奇射手懷特（Ellen White）的地位更能媲美男足球星。從幼年因性別被禁賽，到一步步追逐足球夢，終奠定了她在英格蘭足球的傳奇地位。

★性別無礙足球夢 終成女英超巨星

「白小姐」懷特於 1989 年5月9日，在英格蘭東南部艾爾斯伯里（Aylesbury）出生，家人均是英超球會西漢姆聯的球迷，小時候的懷特已迷上足球，更因為學校沒有女足隊而跟男同學一起踢足球，8歲就加入兵工廠女足青訓隊。然而懷特卻在參與地方聯賽 Chiltern Youth League 時遭受性別歧視，大會以「避免混合使用更衣室」為由，禁止她這名唯一女將參與男足聯賽。此事引起廣泛報導，懷特登上當地報紙頭版，仿佛成為女足小英雄，這次經歷成為她足球事業上的推動力。或許當時一眾讀者、球迷都沒想到，報紙上身穿兵工廠球衣、手抱足球、一臉稚氣的女孩，日後將會是家喻戶曉的球壇英雄。

懷特在16歲時離開兵工廠青訓系統，轉投倫敦死敵切爾西女足，三個球季均成為球季頭號射手；隨後再加盟里茲聯女足，雖然保持高效進球率，卻因球隊無緣加入新成立的英格蘭女子超級聯賽及財政困難問題而離開。後來她回到了度過青春歲月的兵工廠，協助母會在2011年締造聯賽、兩項盃賽三冠王，隨後兩季亦獲得雙冠王。在經過諾士郡女足三年經歷後，「白小姐」在2017-18賽季效力伯明翰城時贏得聯賽金靴獎。2019年，30歲的懷特加盟當時於女足大力投放資源的曼城，征戰本土及女子歐聯賽事，2021年壓過荷蘭名將米德馬（Vivianne Miedema）成為當時女子超聯進球最多的球員（雖然隨後被米德馬反壓），為球隊奪得足總盃及聯賽盃冠軍，同時也見證女子超聯規模日漸成熟，女足運動獲得更多球迷關注。

★國家最多進球女球員 見證英女足地位提升

自2010年3月為「三獅女足」上演地標戰後，懷特在12年國際賽生涯參與過大部份大賽，三次世界盃、兩次奧運會以Great Britain英國之名出戰。2011年世界盃時從該屆冠軍日本隊手中取得進球；2015年世界盃獲得季軍，刷新隊史最佳成績，可惜自己卻顆粒無收；2019年世界盃，球隊獲得殿軍，懷特以6球與美國名將摩根（Alex Morgan）、拉皮諾（Megan Rapinoe）並列射手榜首位，僅因助攻較少而獲銅球獎。說到她的個人生涯高峰，相信是去年夏天的歐洲國家盃。已是老將的懷特率領後起之秀主場出擊，在荷蘭名帥魏格曼（Sarina Wiegman）領軍下愈戰愈勇，個人6場賽事全部正選上陣取得2個進球殺進決賽，在溫布利球場加時擊敗勁敵德國，奪得英格蘭女足隊史首個大賽冠軍，舉國狂呼「Football is coming home」，同時掀起女足熱潮。

「白小姐」最終以113次上陣、52個進球，成為英格蘭女足隊史上進球最多的紀錄保持者，綜觀男女足數據，其國際賽進球數更優於巴比．查爾頓（Bobby Charlton）及萊因克（Gary Lineker），僅次於肯恩（Harry Kane）和魯尼（Wayne Rooney）。更難得的是，年幼時受到不公平對待的懷特，經過多年奮鬥後，得以於生涯末段見證女足地位逐漸提升。2022年歐洲國家盃決賽觀眾達到87,192人，打破男、女子歐洲國家盃觀眾入場紀錄、國家隊贏得自1966年男足世界盃以來首個大賽錦標，證明男女足地位差距逐漸收窄。

2022年8月22日，懷特選擇急流勇退，在個人社交平台宣佈以33歲之齡退役，球迷們再也看不到懷特進球後戴眼鏡的招牌慶祝動作。她曾表示自己是德甲球迷，休賽時會親身飛往當地觀賽，而她最喜愛的是科隆及前鋒莫德斯特（Anthony Modeste），因而仿傚後者的慶祝動作，就連她的侄女也會模仿。今年1月，懷特與其餘三名國家隊前隊友獲英國政府頒授員佐勳章（MBE），以表揚個人及去年歐洲國家盃冠軍的貢獻。除此之外，懷特即將迎來新身份，2022年12月宣佈懷孕的她，並於2023年4月與丈夫柯維（Callum Convery）迎來他們的首個小孩，從一代傳奇射手，變成新晉母親。

右／協助英格蘭奪得2021歐洲國家盃冠軍。（美聯社）
左／ 2019 世界盃表現不錯。（美聯社）

｜ 球員小檔案 ｜

姓名：Ellen Toni Convery（Ellen White）
出生日期：1989 年 5 月 9 日
國籍：英格蘭
身高：170cm
位置：前鋒
曾效力主要球隊：切爾西、兵工廠、曼城

奧勒內斯
Ann-Kristin Aarones
退而不休的挪威女金靴

文／Aima

Ann-Kristin Aarones

球員小檔案

姓名：Ann Kristin Aarønes（Ann-Kristin Aarones）
出生日期：1973 年 1 月 19 日
國籍：挪威
身高：182cm
位置：前鋒
曾效力主要球隊：Trondheims-Ørn、New York Power

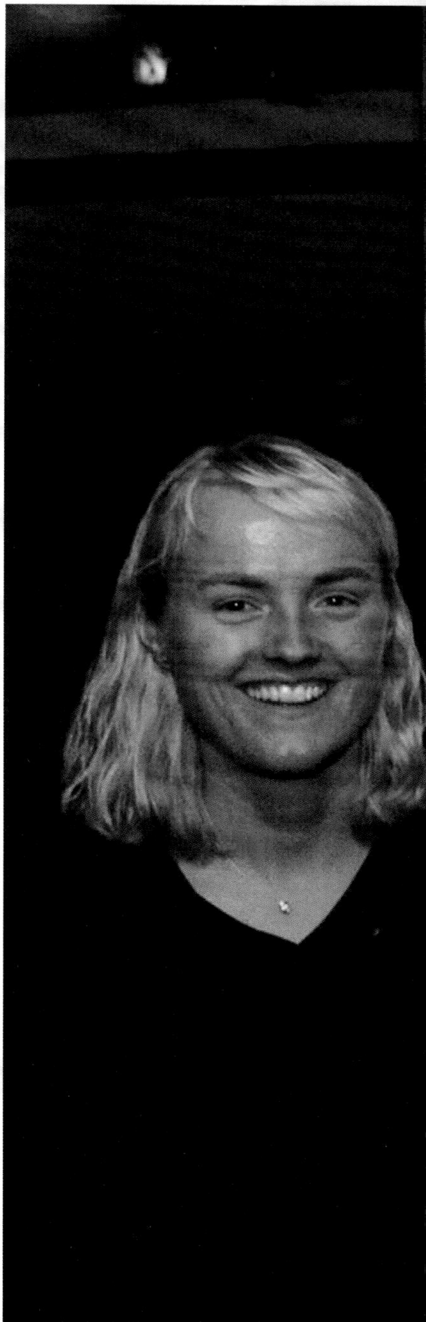
2001 年奧勒內斯（圖左）與她的 New York Power 隊友們。（美聯社）

挪威女足近年陷入低谷，或許不少球迷想像不了這個維京國度曾經是世界盃冠軍，也出產過不少女足名將。在 1995 年世界盃為挪威拿到冠軍，而且成為金靴獎得主的奧勒內斯（Ann-Kristin Aarones），懂得急流勇退，30 歲不到就退役；只是後來又對足球念念不忘，總是找機會從事足球工作。

★維京首冠歷史功臣 下屆踢失卻成罪人

奧勒內斯在17歲時第一次代表挪威隊上場，在老特拉福德球場協助挪威打平英格蘭，那時候她還沒加入全國聯賽球隊。雖然因為太年輕而沒有入選 1991 年世界盃決賽圈大軍，但在首屆世界盃後就成為挪威隊主力前鋒，協助挪威贏了1993年女子歐洲盃。在1995年世界盃決賽圈，她先在第一場分組賽梅開二度，協助挪威以8：0大勝奈及利亞，然後在第三場分組賽大演帽子戲法，成為挪威以7：0大破加拿大取得小組首名成績的功臣。到了四強，挪威遇上首屆冠軍美國，奧勒內斯在10分鐘就攻破美國大門，而這也是比賽的唯一進球。最終她在1995年世界盃以6球成為金靴獎得主，也將挪威女足推上歷史最高峰。

一年後的亞特蘭大奧運會首次舉辦女足項目，挪威以世界冠軍之名出戰，可惜在四強輸給美國無緣問鼎。還好奧勒內斯再次為挪威女足建功，梅開二度協助挪威以2：0擊敗巴西，率隊奪下首屆奧運女足項目銅牌。

1999年世界盃，26歲的奧勒內斯狀況正佳，在分組賽射進3球，協助挪威大勝加拿大和日本，繼而在八強攻破瑞典大門。可惜挪威在四強賽遭中國狂進5分，自己又掛蛋而宣告衛冕失敗。後來在季軍戰中，挪威又在互射十二碼輸給巴西，她在第六輪十二碼射失，成為挪威落敗的罪人。

世界盃之後，奧勒內斯繼續為挪威出戰歐洲盃資格賽，同年底她認為踢了9年國家隊也足夠了，於是就此卸下國腳身份。

★轉戰美足表現不佳 退休改做足球基層

奧勒內斯在 1993 年開始參與挪威女子聯賽，拿到5次聯賽冠軍。到了 2001 年，她跟另一名挪威冠軍隊成員埃斯佩塞特（Gro Espeseth）一起獲邀到美國，加入女子聯賽球隊紐約力量隊，可惜傷病令她只踢了15場比賽，進了3球，僅1個賽季後就決定退役，那時只有28歲。

沒踢球之後的奧勒內斯並沒有跟隨大部分退役球員走上教練之路，反而是在其他崗位作出貢獻。她先在 Trondelag 隊從事行政工作，可惜球隊在 2003 年就解散了。之後她在 2004 年去了 Aalesund 隊擔任會計和售票事務工作，以她的前世界盃冠軍成員，而且是金靴獎得主的身份來說，是有點不可思議。之後她回到國家隊，當然不是穿起球衣再踢球，而是擔任挪威女子 U23 隊的球隊經理和管理人，職銜看起來很威風，卻是什麼事也要處理，包括為球員整理球衣。

近年挪威女足的成績實在慘不忍睹，或許正需要更多像奧勒內斯這樣對足球熱愛的人，將如何成為冠軍的方法傳授給後輩才行。

在2000年的一場對美國友誼賽中進球後慶祝。（美聯社）

里瑟 Hege Riise

攻守俱佳的維京女王

文／Aima

北歐女足在女足界一向是不容被忽視的存在，而知名的挪威女足球員里瑟（Hege Riise）更是因為獲得1995年女足世界盃最佳球員獎而傲視群雌。

★進攻鋒利的中場 率挪威奪冠搶金

里瑟的踢球風格以勤力與攻守俱佳聞名。雖然她所屬位置是防守中場，但卻能在188場國際賽中踢進58球，實力之強絕對不容小覷。

1991年世界盃決賽圈時，里瑟主要擔任右翼鋒，幫助隊伍踢進決賽，但最後挪威不敵美國只獲得亞軍。而1995年的決賽圈時，里瑟改任正中場，在3場分組賽及八強賽都以進球協助隊伍得勝。

到了決賽，挪威對上德國這一戰，里瑟更是以出色的技巧，從中場盤球至禁區射門打開比分，最終協助挪威取勝，首次奪得世界盃冠軍，而她也得到賽事最佳球員榮譽。

2001 世界盃里瑟（圖左）面對丹麥。（美聯社）

｜球員小檔案｜

姓名：Hege Riise（Hege Riise）
出生日期：1969 年 7 月 18 日
國籍：挪威
身高：168cm
位置：中場
曾效力主要球隊：Setskog/Høland、Nikko Securities Dream Ladies、Carolina Courage

2023 年世界盃，里瑟以總教練身份參賽。（美聯社）

除了世界盃之外，里瑟在奧運上也有斬獲，2000 年的雪梨奧運時，雖然當時里瑟已經 31 歲，但仍是球隊主力球員。而她也沒有讓人失望，在分組賽以十二碼取得進球，幫助隊伍以 3：1 的比數擊敗奈及利亞，決賽時也協助挪威以 3：2 的比數擊敗強敵美國，挪威也因此摘下奧運女足金牌。

★轉教練創四連霸紀錄 被英挖角惜表現不佳

總體來說，里瑟的球員生涯除了有兩次到日本與美國踢球的經歷外，幾乎都是在挪威度過。1995 年，她與其他 4 名挪威球員效力日興證券夢想隊時，也幫助球隊贏得 1996 年國際聯賽冠軍。

退役後的里瑟轉任教練，以總教練的身分帶領健勒隊（LSK Kvinner）連續 4 年奪下挪威女子聯賽冠軍，可說是非常傲人的紀錄，也因此她獲得英格蘭足協邀請，於 2021 年 1 月擔任英格蘭女子隊的看守領隊，並在 2020 年率領英國女子隊出戰奧運。可惜英國女子隊在八強賽敗給澳洲而出局，里瑟也就此離開英格蘭女子隊的領隊位置。2022 年她重返祖國，擔任挪威女足的總教練。

漢娜永貝里 Hanna Ljungberg

差點就成為男足職業足球員的女足球員

文／Aima

「男女平權」一詞是現代社會經常聽到的詞彙，且時常被許多女性要求真正實施，例如美國女足球員就一直力爭能跟男足國家隊隊員同薪酬，想要真正的男女平權。其實約莫在20年前，這樣的事差一點點就成真，因為瑞典女足球星漢娜永貝里（Hanna Ljungberg）就差點成為首個在男足職業球隊踢球的女性，但最後永貝里並沒有成功達陣。

★助豪門隊奪七冠 率國家隊進決賽

永貝里這個姓氏，應該球迷們並不陌生，但腦海中最先浮現的應是前兵工廠傳奇翼鋒雷德永貝里（Freddie Ljungberg）。不過漢娜永貝里其實是與雷德永貝里同期出現的球星，她於1996年以瑞典女足國家隊的身分，站上亞特蘭大奧運會女足項目的舞台。

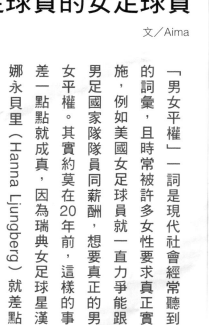

右／ 2001 歐洲國家盃漢娜永貝里 (圖左) 面對英格蘭。(美聯社)
左／ 2004 漢娜永貝里 (圖左) 於奧運對澳洲。(美聯社)

在三年後的女足世界盃決賽圈，漢娜永貝里已經是球隊主力球員，在對澳洲一戰還上演梅開二度。但相當可惜的是在第三場分組賽對迦納一戰，漢娜永貝里只上場6分鐘便因傷離場，之後也沒能再上場，最終瑞典在八強賽出局。

以漢娜永貝里整個球員生涯來看，她幾乎都待在瑞典女足豪門球隊默奧IK（Umea IK），而她也是當時瑞典女足聯賽少數職業球員，從2000年起就開始協助球隊奪得7次聯賽冠軍，在2002年她奪得象徵年度最佳女足球員的鑽球獎，還有2003年及2004年也拿到女足歐冠錦標，可說是她球員生涯的最高點。

2003年時，她幫助默奧IK（Umea IK）首次成為歐洲冠軍，且於世界盃帶領球隊踢進決賽，在和奈及利亞的分組賽梅開二度。雖然在決賽時取得進球，但令人惋惜的是瑞典最後不敵德國，與世界冠軍擦身而過。

★ 獲邀進男足但先不要 後任訓練員培育新進

不過她在世界盃的出色表現，引起當時義甲球隊佩魯賈的老闆加烏奇（Luciano Gaucci）的注意，他盤算要將漢娜永貝里和另一名瑞典女足球員斯文森（Victoria Svensson）帶進男足隊，欲讓此二人成為史上首次征戰男足職業聯賽的女子球員。

毫無意外此事引起世界媒體關注及討論，有些媒體甚至以漢娜永貝里將要加盟佩魯賈為標題吸引關注，不過漢娜永貝里和斯文森在聽聞此事後便斷然拒絕，認為女子並不適合踢男足聯賽。

基本上這可能真的是她們兩位拒絕的真正原因，但也有人猜測是因為加烏奇過往的舉動過於嚇人，例如 2002 年世界盃義大利被韓國淘汰後，加烏奇立刻解雇韓國前鋒安貞桓，還有聘請利比亞狂人的兒子格達費（Al-Saadi Gaddafi）為球員等舉動，令她二人覺得若是待在佩魯賈的話，令人感覺並不踏實。不管真實原因為何，漢娜永貝里最終還是繼續在女足領域發光發熱，之後繼續以女子球員的身分代表瑞典參加 2004 奧運女足項目及 2007 世界盃決賽圈。

2008 年，漢娜永貝里宣布結束國家隊生涯。在 130 場國際賽事進了72球的她，成為當時瑞典女足史上進球最多的球員，直到六年後才被後輩謝林（Lotta Schelin）超越。

漢娜永貝里最終在 2009 年，也就是她30歲時提早退役，原因是她的膝部傷病，讓人覺得相當可惜，要不或許她的球員生涯應該可以創造更多紀錄與成就。

退役後的漢娜永貝里並不算真正離開足壇。她選擇在于默奧 IK 擔任教練，後來也在大學獲得物理治療系學士學位，近年則成為私人體能訓練員，成為瑞典足協認可的知名人物。

2005 歐洲國家盃對丹麥。（美聯社）

球員小檔案

姓名：Hanna Carolina Ljungberg（Hanna Ljungberg）
出生日期：1979 年 1 月 8 日
國籍：瑞典
身高：160cm
位置：前鋒
曾效力主要球隊：Sunnanå SK、Umeå IK

普林斯 Birgit Prinz

帶領德國女足登上世界之巔的「足球皇后」

文／喬齊安

如果說兩屆世界盃冠軍，西德傳奇法蘭茲．貝肯鮑爾（Franz Beckenbauer）是世界公認的「足球皇帝」，那麼在女子足球界的「足球皇后」桂冠便屬於普林斯（Birgit Prinz）了。她不僅是德國隊史上出場次數最多的球員與最佳射手，也同樣帶領球隊勇奪兩次世界盃冠軍、五屆歐洲女子錦標賽冠軍，並自2003年起連續三年當選為世界足球小姐。

★16歲登世界舞台 進攻如德國坦克

普林斯與許多德國女孩一樣，在一個喜歡足球的家庭成長，13歲以前每週六都與父親一同觀賞德甲聯賽的她慢慢喜歡上踢球，並在收看1991年第一屆女足世界盃比賽時，立下披上國家隊戰袍的志願。她在年僅16歲的時候就達成夢想，在1994年一場友誼賽中替補出場便貢獻絕殺進球。而不到一年後，還是個少女的她已經與國家隊進軍兩場世界大賽的

右／2007 協助德國蟬聯世界盃冠軍。（美聯社）
左／普林斯（圖左）在友誼賽中面對中國。（美聯社）

決賽：德國在歐洲錦標賽中3：2力克瑞典封王、卻在世界盃決賽中0：2敗給挪威抱憾而歸，但她仍寫下世界盃決賽登場的最年輕球員紀錄。

德國足球的特點是身體強壯、衝擊速度快、不服輸的強悍鬥志，還有與隊友團結一致的態度，而普林斯絕對是最具有上述「日耳曼精神」的代表。身為前鋒的她，那永不滿足的進球慾望在場上彷彿一台重型坦克，毫不留情地摧毀對手。在第一次出戰歐錦賽與世界盃時，便幫助球隊締造12：0勝威爾士、6：1贏巴西的輾壓式成果。

★全盛期率德二連霸 足球皇后虛懷若谷

在普林斯進入球員的全盛時期時，也正是德國隊在女足史上最具統治力的階段。2003年的美國世界盃，她們以不敗王者之姿全勝封王，這是德國女足的世界盃首冠。26歲的普林斯在每一場比賽都有得分紀錄，也以7顆進球獲得最佳射手、最佳球員兩項大獎。四年後帶著隊長袖標的她率領德國隊衛冕，於決賽中率先破門，硬是在逆勢中重挫了先前賽事中沒有輸過球的強大巴西，蔚為經典戰役。

普林斯最為人知的軼事，是她曾經差一點就成為第一位在歐洲五大職業男子足球聯賽踢球的女性球員。就在2003年世界盃捧盃後，義甲的佩魯賈隊奉上一份年薪高達七位數的合約邀請她加入。歷經考慮，普林斯擔心自己的轉會只是被當作宣傳噱頭，實際上只能枯坐板凳而婉拒。

當然未能跟男運動員一同較勁也絲毫無損於「足球皇后」的地位，普林斯自2001年到2008年間連續八次獲得德國年度最佳女足球員獎，放眼男足也無人能比。她宣布退休後，德國足球協會表示「她謙虛、隨和、腳踏實地……在球場上將團隊精神發揮到極致。普林斯離開了足球世界，但偉大的人格永駐我們心中。」而擁有多項學位證照的她目前在德甲霍芬海姆隊中擔任男女足的運動心理治療師，仍持續低調、溫柔為後進們貢獻心力。

奪得2003世界盃金靴獎及協助德國奪得冠軍。（美聯社）

球員小檔案

姓名：Birgit Prinz（Birgit Prinz）
出生日期：1977 年 10 月 25 日
國籍：德國
身高：179cm
位置：前鋒
曾效力主要球隊：FSV 法蘭克福、Carolina Courage、法蘭克福

施特格曼 Kerstin Stegemann

軍人出身，最具影響力的進攻型邊後衛

文／喬齊安

巾幗不讓鬚眉這句話形容德國女子足球隊再適合不過。西元 2000 年後她們在綠蔭場上是歐洲霸主，累計兩座世界盃冠軍僅次於美國，有時候甚至表現比男足還要亮眼。在這段隊史最閃耀的時間，德意志頭號射手「足球皇后」普林斯（Birgit Prinz）在前場攻城拔寨，而在身後構築銅牆鐵壁，穩固全隊後防、更不時犀利助攻的施特格曼（Kerstin Stegemann），肯定也功不可沒。

★ 列德意志三大女將 軍人運動員雙身分

施特格曼在15歲的時候踏上職業足球的舞台，並在1995 年首次代表德國國家隊出場對陣波蘭。從那以後她一直是國家隊的中流砥柱，在 2003 年與 2007 年兩次世界盃大賽上立下汗馬功勞，也獲得過 3 枚奧運銅牌。她與普林斯、貝蒂娜・維格曼（Bettina Wiegmann）兩位傳奇並列為出場次數超過 150 次的三大德國女足球員。另外她還保持了連續參加61場國際比賽的團隊紀錄，是一位鐵人型名將。

右／2007德國蟬聯世界盃後，普林斯（圖左）與施特格曼（圖右）慶祝留影。（美聯社）
左／2004與中國的一場國際賽對戰。（美聯社）

或許「鞠躬盡瘁」的精神早就深深烙印在其實具有軍人身分的施特格曼的血液中。德國國防部每年投資超過2,700萬歐元支持頂級運動員，部隊免除他們基本軍事訓練外的所有工作，讓他們將所有時間投入運動中，只有在非常特殊和純粹自願的情況下，士兵運動員才會前往戰場。施特格曼便曾在採訪中表示待在聯邦國防軍體育學校對她獲益良多，可以使用最先進的設備，以及國家頂級的醫生和物理治療師服務，而且每天能夠訓練好幾次，比她在足球俱樂部的隊友們還要有更充裕的時間。

★能攻善守對手頭疼 鐵壁封鎖森巴進攻

施特格曼在場上司職右後衛，被認為是女子足球中最早的後插上進攻型邊後衛（overlapping）之一。衛報評論，現代足球的成功某種程度是由進攻型邊後衛來定義，例如英超利物浦的特倫·亞歷山大—阿諾德（Alexander-Arnold）、安德魯·羅伯森（Andrew Robertson）的不可思議的進攻表現。這種球員近年來在女足場上十分活躍，而她們所效法的前輩就是施特格曼。

2003 年世界盃德國女足破繭而出，她們在四強賽出人意料以3：0輾壓了世界王者美國隊，被對方教練恭維踢了一場「女足史上最好的比賽」，施特格曼也是場上最好的一員。2007 年的世界盃冠軍是施特格曼的生涯代表作，她在四強賽對戰挪威的比賽中上演一記結合力與美的精采進球，從邊路全速衝刺插上後，接獲傳球一路殺至禁區突破守門員後破門，摧毀了對手的抵抗意志。

決賽被譽為矛與盾的對決，由施特格曼領銜的防線此前賽事一球未失，但最後的對手巴西擁有本屆賽事最多進球的兩大射手：衛冕了FIFA年度最佳球員的瑪塔（Marta）與克里斯蒂安妮（Cristiane），她們身後的中場也很有進攻能力。然而最終經驗豐富又冷靜的德國戰車成功封鎖住森巴舞者們的猛攻，能攻善守的施特格曼讓對手吃足苦頭，幫助球隊以2：0的完美之姿奪冠。施特格曼在 2009 年退役，留下 191 次國際比賽出場與8個進球的顯赫記錄。

2003 的友誼賽中與美國對戰。（美聯社）

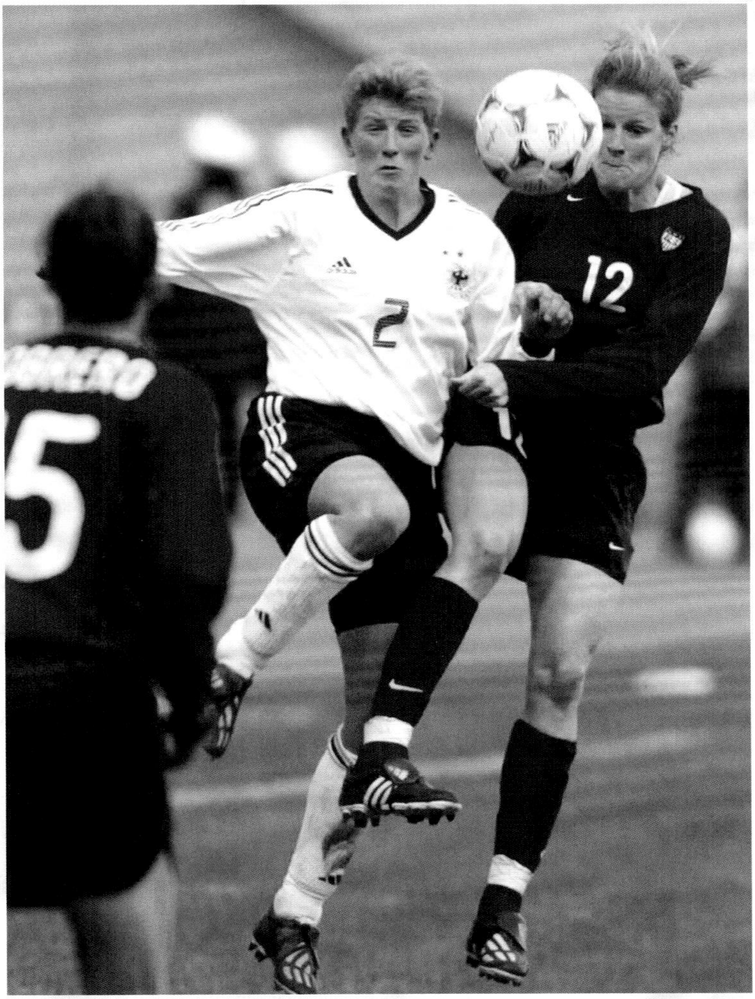

球員小檔案

姓名：Kerstin Stegemann（Kerstin Stegemann）
出生日期：1977 年 9 月 29 日
國籍：德國
身高：171cm
位置：後衛、中場
曾效力主要球隊：FFC Heike Rheine、FCR 2001 Duisburg、FFC Heike Rheine、FSV Gütersloh

台灣女足仍有待加強實力。（美聯社）

文／李弘斌　〔台灣女足〕

首屆打入八強！台灣女足重返世界盃路迢迢

世界盃對台灣來說，好像永遠只能當個觀眾。然而在「女足世界盃」，台灣作為亞洲最早推動女足的國家，不但沒有缺席1991年開辦的首屆賽事，還從小組賽突圍而出，殺進八強。可惜隨著各國女足實力提升，台灣未再站上女足的最高殿堂，2023年紐澳世界盃本有機會圓夢，卻在附加賽功虧一簣，又得再等四年。

國際足總（FIFA）在1991年開辦女足世界盃。當時的時空背景是在1980年代因為政治因素，被迫遠走大洋洲足聯的中華足協，1989年得以奧會模式重返亞足聯。但曾在亞洲盃3度封后的中華女足，卻在1990年北京亞運首度輸給日本，僅獲第四名。

首屆女足世界盃於中國廣州舉辦，共12隊角逐決賽圈。亞洲除東道主中國之外，只有兩張門票，以1991年福岡亞洲盃為資格賽。也就是說，若中華女足維持前一年亞運老四名次，將無緣首屆世界盃。幸好木蘭女將將士用命，儘管四強賽PK不敵地主日本，錯過挺進決賽直接殺入世界盃的機會，但在兩天後季軍戰仍把握住末班車，與北韓0：0打入PK戰，門將洪麗琴擋下1球，第五點的陳寶猜也操刀破門，「北風北」搶下前進廣州的門票。

為了備戰歷史性的首屆世界盃，中華隊領隊龔元高先協助當時在日本踢球的周台英、謝素貞、許家珍，解決她們跟母隊請假的問題，得以回台參與集訓，穩住球隊核心。教練團則加入鐘劍武、陳炘助總教練張子濱與陳茂全，將全隊拉到昆明海埂高原基地做最後衝刺，下山就直接殺往世界盃。

門將紅牌仍勝奈 首屆八強作收

中華隊在廣州世界盃分到C組，雖然先後以0：5、0：3分別輸給義大利、德國，但因分組第三，仍有機會在跨組比較戰績後晉級八強。預賽最後一戰只要在江門體育場贏奈及利亞兩球以上，就能出線，若踢平則讓B組的巴西漁翁得利，成為一場攸關亞、非、南美三大洲的焦點戰。

結果非贏不可的中華隊，此役竟因守門員林惠芳禁區外犯規，先被紅牌罰下一人，陷入10打11的人數劣勢。幸好球員臨危不亂，林美君、周台英分別在上下半場破門，最終就以2：0氣走奈及利亞，不僅贏得台灣在世界盃的歷史性首勝，還殺入淘汰賽，直到八強才以0：7不敵後來奪冠的美國，結束這趟世界盃之旅。

作為世界女足的先驅者之一，台灣在首屆世界盃沒有缺席並打入八強，已意義非凡。只是在歐美起步之後，我國搶先發展女足的「紅利」已經不在，也是明顯的事實。

世界盃窄門 亞洲四強還不夠

然而，誰能想到接下來超過三十年的時間，台灣都未能再次踏上女足世界盃殿堂。初期主要受限於世界盃規模，頭兩屆12隊參賽，亞洲僅有兩張門票，即使1999年擴軍至16隊，亞洲也才3席。1990年代中華女足雖穩坐亞洲四強，但從沒贏過中國，要勝日本、北韓也很吃力。台灣能夠打入首屆女足世界盃，跟少了地主中國搶門票不無關係。

1995瑞典世界盃以1994廣島亞運為亞洲區資格賽，我國因關鍵戰0：3負日，最後以1勝2負拿下銅牌，也是我國女足迄今唯一一面亞運獎牌，仍無緣第二屆世界盃。1999美國世界盃，需在1997亞洲盃拿下前三名，才能參賽，結果四強遭中國10：0血洗，季軍戰0：2再次負日，又以一名之差錯過世界盃。

2003 年起的三屆世界盃，亞洲國家都維持 3.5 張門票，晉級之門依舊狹窄，更殘酷的是在各國女足實力逐漸提升之後，台灣的亞洲四強地位已不復存。

跌出亞洲盃 世界盃夢想愈來愈遠

2001 年台北亞洲盃，中華女足因複賽不敵南韓，首度無緣四強；2003 年泰國亞洲盃也是世界盃資格賽，中華隊首次贏不了東南亞國家，1：1 戰平緬甸，僅獲分組第三。2006 年澳洲「脫洋入亞」後主辦亞洲盃，中華隊則不敵越南，更首次在這項賽事小組墊底。

想在亞洲盃搶 3.5 張世界盃門票，現實是隸屬亞足聯的中、日、南北韓、澳等 5 支勁旅，實力上都已「海放」台灣。中華女足節節敗退，除了逐漸打不贏東南亞隊伍，2009 年 7 月亞洲盃資格賽於台南新營進行，中華隊首戰甚至以 0：1 不敵約旦，首次輸給信仰伊斯蘭教、女性參與運動難度較高的中東國家。

這也是中華女足第一次連亞洲盃決賽圈都沒得踢，遑論重返世界盃？隔年體委會甚至決定不派女足參加廣州亞運，這是我國在解決旗歌問題、於 1990 年重返亞運以來，女足首次缺席這個亞洲最大的綜合性運動會，且由非奧運項目的龍舟隊取代，堪稱台灣發展女足運動以來的最低谷。

台灣女足要重振雄風，回到曾經的世界盃舞台，除了本身實力必須止跌回升，也需要外在環境有所改變。此時世界盃窄門剛好開大了一些，2015 加拿大世界盃擴軍為24隊，亞洲門票從 3.5 張增為5席。北韓女足因為 2011 世界盃被揪出5人使用禁藥，禁止參加作為資格賽的 2014 亞洲盃。也就是說，除了大陸、日本、南韓與澳洲，亞洲第五名也能參加世界盃，人人有機會。

只是還在重整階段的台灣女足，並未把握住這次擴軍與北韓禁賽佳績，2013 年春天亞洲盃資格賽遠征巴勒斯坦，由於備戰不足與緬甸踢平，比較淨勝球後連兩屆無緣亞洲盃決賽圈。最後這張寶貴的亞洲盃第五名末班車門票，由泰國搶下，也實現了對方首度站上世界盃的夢想。

成立木蘭聯賽 師法日本重振雄風

雖然倒在第一步，但此時的台灣女足已經開始做出改變。2013 年台灣體育主管機關從體委會改制為體育署，新任副署長彭臺臨揭示不缺席國際主流運動的政策方向，看好女足有站上國際大賽的競爭力，規畫由體育署補助、結合地方政府，成立真正有強度的女足半職業聯賽，「木蘭足球聯賽」於 2014 年正式上路。

木蘭聯賽扮演提升競技強度、延長女足球員生涯、向下扎根基層等任務。戰術面上，台灣也體認到本身球員無體型優勢，適逢日本女足勇奪 2011 年世界盃冠軍，

參加 2014 亞運。（美聯社）

中華足協決定師法日本的持控球打法，除了派遣教練赴日取經，也與日本足協（JFA）合作，由 JFA 派遣執教過 J 聯盟橫濱水手的柳樂雅幸，來台擔任中華女足守門員教練，後因其資歷完整再拔升為總教練，開啟我國女足由日籍教頭領軍的年代。

柳樂在台灣執教到 2017 年 8 月台北世大運結束，被認為替中華女足打下了根基，只是未能呈現在帳面成績上。2017 年 4 月，中華女足再赴巴勒斯坦角逐亞洲盃資格賽，這也是前進 2019 法國世界盃的第一步。結果出線關鍵戰遭遇泰國攔路，中華隊開賽不到 3 分鐘先失 1 球，接著全場狂攻就是無法破門，終以 0：1 飲恨，連三屆無緣亞洲盃決賽圈。

2018 雅加達巨港亞運，中華女足在第二任日籍教頭堀野博幸的領軍下，終於打贏屢次攔路的東南亞強敵，於八強 PK 戰氣走越南，睽違 20 年重返亞運四強，顯示自 2013 年起的改革已有成效。加上 2020 年初在東京奧運最終輪資格賽以 1：0 擊敗另一支東南亞勁旅泰國，想要打入 2023 紐澳世界盃的目標也開始明確起來。

印度亞洲盃 PK 負菲錯過首次機會

紐澳世界盃是全新的機會，因為女足世界盃首次擴軍至 32 隊，東道主之一的澳洲不需要搶參賽資格，且北韓因新冠疫情「鎖國」不參與國際賽，亞洲的5張世界盃直接門票少了兩強競爭。此外，即使沒能在2022年的亞洲盃拿到直接門票，也還有10搶3洲際附加賽的最後機會。

這一次，中華女足不能再倒在第一步。好消息是亞洲盃也從過去的八強會內賽擴軍為12隊，資格賽難度降低。2021年10月，中華隊又在亞洲盃資格賽揮軍中東，先以4：0完勝寮國，再靠賴麗琴的自由球打破僵局，以2：0氣走地主巴林，二連勝昂首出線，睽違16年重返亞洲盃。

2022年1月下旬，躊躇滿志的中華女足由日籍教頭越後和男領軍出征印度亞洲盃。木蘭女將的籤運不錯，儘管與強權中國分在A組，但只要發揮實力取勝地主印度及伊朗，以分組第二晉級，於八強對決B組第二，對手極可能是實力相當的泰國，贏下來就重返亞洲盃四強並拿到世界盃門票，兩個願望一次達成。

兩岸女足首戰狹路相逢，中華隊以0：4吞敗，但不影響前進世界盃的大戰略。然而新冠病毒成為本屆賽事的最大變數，中華隊次役對陣印度，主場隊伍竟因新冠確診人數過多，可出賽人數未達規定門檻，被迫棄賽。

印度為本屆亞洲盃籌備許久，棄賽讓中華隊少了心腹大患。中華隊預賽最後一戰在賴麗琴「帽子戲法」帶領下，以5：0大勝伊朗，拿下睽違近19年的亞洲盃決賽圈勝利。豈知八強對手不是預期的泰國，而是徵召了18人出生於美國、1人出生於英國的菲律賓。

不輸越南就晉級 仍功虧一簣

中華女足過去對菲律賓保持全勝，但對手陣容等於是支歐美部隊，結果中華隊更遭遇內憂打擊，主力射手賴麗琴因PCR檢測陽性缺陣。結果中華隊下半場先失球，雖靠卓莉萍一波遠射神奇扳平，旅日門神程思瑜更在PK戰擋出兩球，創造出踢進第5點就能獲勝的機會，結果蘇芯芸、卓莉萍的射門先後被擋，中華隊以3：4輸掉PK，無緣四強。

由於澳洲被南韓擋在四強門外，中、日、菲、韓直接晉級世界盃，剩1張直接門票由台、泰、越踢單循環附加賽爭奪。此時中華隊的疫情擴大，除賴麗琴又有6名主力PCR陽性，只能以年輕陣容戰泰，幸好小將吳愷晴兩度妙傳助攻蘇育萱破門，陳英惠又踢進直接自由球，讓中華隊以3：0完勝泰國，次役不輸越南就能晉級。可惜最後防守出狀況，中華隊以1：2不敵越南，只能眼看越南首度打入世界盃，木蘭女將擦乾淚水，寄希望於隔年春天的10搶3洲際附加賽。

台灣很早就發展女足，圖為1981年在台北舉行的女足國際賽。（美聯社）

2023年2月，紐澳世界盃10搶3洲際附加賽在紐西蘭進行，10支隊伍分3組踢淘汰賽，中華隊分在C組，必須先贏巴拉圭，再打敗巴拿馬vs.巴布亞紐幾內亞的勝方，才能搭上前進世界盃的末班車。

10搶3踢出最佳內容 功敗垂成再等四年

首戰巴拉圭，由本土教頭顏士凱領軍的中華隊，展現出備戰一年的成果，踢出近年國際賽最佳內容，賴麗琴在第21分鐘先馳得點，蘇芯芸再於第75分鐘補射破門，眼看2：0勝券在握，近關情怯的中華隊卻在兩分鐘內連丟兩球，被巴拉圭2：2逼入延長賽。

延長賽因巴拉圭用完換人名額又有球員受傷，中華隊把握人數優勢猛攻，可惜高中小將李翊汶與資深好手陳燕萍都沒把握單刀契機。第119分鐘中華隊因影像輔助判決（VAR）獲得十二碼罰球，這球讓給包欣玄操刀，結果正規賽下半場就已抽筋的包欣玄一腳打飛，又來到宿命般的PK戰。

PK戰顏士凱依然信任包欣玄，把她排在第四點。結果中華隊第二點卓莉萍射中門柱，巴拉圭則無人失手，包欣玄在壓力之下，即使因對手門將犯規獲得重踢機會，兩次射門仍都被擋出。中華隊又一次倒在PK戰，重返世界盃的夢想只能再等四年。但屆時澳洲已非東道主，北韓也重返戰陣，晉級難度將會更高。

國家圖書館出版品預行編目資料

女足世界盃歷史與球星 = The history and stars of FIFA Women's World Cup(1991~2023)/大頭製作著. -- 初版. -- 臺北市 : 臺灣東販股份有限公司, 2023.12
160面 ; 17X23公分

ISBN 978-626-379-121-3（平裝）

1.CST: 足球 2.CST: 運動競賽 3.CST: 歷史 4.CST: 運動員

528.951 112017704

女足世界盃歷史與球星

2023年12月1日初版第一刷發行

作　　者 大頭製作
企劃製作 大頭有限公司
特約主編 許諾輝
特約編輯 張秝涅、黃蒂蓮
特約美編 吳孟筑
編　　輯 陳伵羽、黎秉劼
發 行 人 若森 稔雄
發 行 所 台灣東販股份有限公司
地　　址 台北市松山區南京東路四段130號2樓-1
電　　話 02-2577-8878
傳　　真 02-2577-8896
網　　址 www.tohan.com.tw
郵撥帳號 1405049-4
定　　價 新台幣 350 元整
法律顧問 蕭雄淋律師
總 經 銷 聯合發行股份有限公司
電　　話 02-2917-8022